VOYAGE

D'ÉGYPTE ET DE NUBIE.

TOME PREMIER.

Se trouve a PARIS,

Chez CONSTANTIN, quai de l'École, n° 15.

MEMORIAE · ET · HONORI
QVI · MORES · HOMINVM
MVLTORVM · VIDIT
ET · VRBES
FRIDERICVS · LVDOVICVS · NORDEN · DANVS

VOYAGES

... EN ...

DANS

... PEUPLES NORDIQUES

À PARIS,

DE L'IMPRIMERIE DE ... DIDOT JEUNE

L'AN ... RÉPUBLIQUE

M DCC XCV.

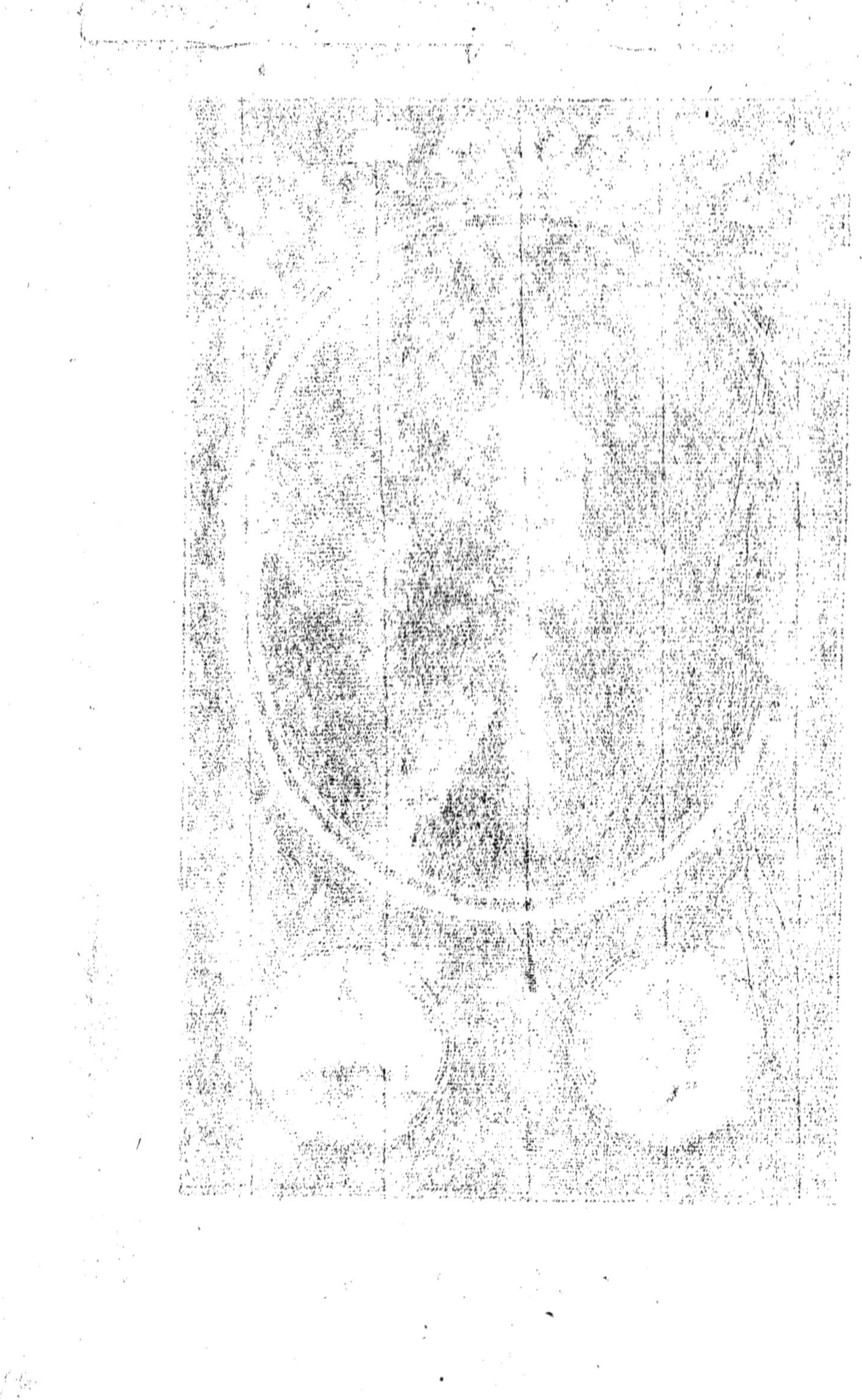

VOYAGE

D'ÉGYPTE ET DE NUBIE,

PAR

FRÉDÉRIC-LOUIS NORDEN.

NOUVELLE ÉDITION,

Soigneusement conférée sur l'originale, avec des notes et des additions tirées des auteurs anciens et modernes, et des géographes arabes,

PAR L. LANGLÈS,

Auteur de l'alphabet Tartare Mantchou, etc.

Ouvrage enrichi de cartes et de figures dessinées par l'auteur.

TOME PREMIER.

A PARIS,

DE L'IMPRIMERIE DE PIERRE DIDOT L'AINÉ.

L'AN IIIᵉ DE LA RÉPUBLIQUE.

M. DCC. XCV.

OBSERVATIONS

SUR

LE VOYAGE DE NORDEN,

ET

SUR CETTE NOUVELLE ÉDITION.

NORDEN est le premier et jusqu'à présent le seul Européen qui ait entrepris un *Voyage pittoresque* de la basse et de la haute Egypte (1). Le plan neuf et ingénieux d'après lequel il l'a exécuté a été suivi par les savants voyageurs qui ont décrit et dessiné les monuments de l'anti-

---

(1) Nous n'ignorons pas que le jésuite Sicard s'est occupé d'un ouvrage du même genre ; on assure même qu'il avoit recueilli beaucoup de matériaux qui ont disparu , et l'on ne connoît que le plan de son ouvrage , consigné dans le tome V des *Lettres édifiantes et curieuses* , nouvelle édition.

quité. C'est lui qui a imaginé de donner ces
élévations, ces coupes géométrales, et tous ces
détails qui semblent nous découvrir le secret de
l'architecte, et dont les artistes seuls connoissent
toute l'utilité. Le texte de ses relations offre de
précieux éclaircissements sur les descriptions
que les anciens nous ont transmises des nombreux et immortels monuments de l'Egypte.
Notre voyageur n'a pas exclusivement consacré
son crayon à nous retracer les productions de
l'art ; 159 planches, soigneusement exécu-
tées, offrent alternativement le cours détaillé
d'un fleuve fameux, ses effroyables et bruyantes
cataractes, des ruines imposantes, des édifices
antérieurs aux siecles connus et qui ont fatigué
les efforts du temps, des cités nombreuses,
de riches plantations de palmiers, des champs
fertiles sans culture, d'arides déserts que se dis-
putent les bêtes féroces et des hommes non
moins sauvages qu'elles, enfin les points de vue
les plus piquants de cette romantique contrée.
Plein de confiance dans un guide aussi fidele,
vous le suivez par-tout sans hésiter. Vous vous
engagez avec lui dans les canaux étroits de ces

monstrueuses pyramides, cimentées par les
sueurs et par les larmes des hommes. Arrivé
dans la chambre sépulcrale, votre œil avide
sonde le sarcophage brisé, et interroge vaine-
ment les murailles: vous regrettez de n'y pas appercevoir au moins le nom du tyran pour y
attacher la malédiction de tous les âges. En
sortant de cet antre de la mort vous montez sur
son sommet pour contempler au loin les campagnes verdoyantes du Delta, qui contrastent
si fortement avec l'aride plaine des momies.
Bientôt, embarqué sur le Nil dans un léger
qandjah, vous vous laissez mollement balancer
par son onde paisible. Mais la curiosité vous
appelle souvent à terre; Alexandrie, Memphis,
Syene, la Ville du Soleil, l'antique Thebes aux
cent portes, ne sont pas encore anéanties.
Pénétré de respect, le voyageur goûte un mé-
lancolique plaisir à errer dans leur enceinte
silentieuse et solitaire; il contemple avec admiration les prodiges de la patience et du génie
des hommes, et trouve un texte inépuisable
de méditations dans ces ruines impérissables.

Telle est l'illusion que nous a souvent

procurée le *Voyage de Norden*. Les lecteurs qui
l'auront partagée lui pardonneront volontiers
certaines inexactitudes soigneusement relevées
par de savants géographes, et ridiculement ampli-
fiées par un détracteur aussi vain que jaloux (1),
mais dont l'opinion publique commence à
faire justice. L'auteur n'auroit pas manqué de
rectifier lui-même une partie de ses inexactitudes, si une mort prématurée ne l'eût empêché de mettre la derniere main à son précieux
ouvrage. Des membres de l'académie des sciences de Copenhague furent chargés de rassembler ses matériaux et de les publier. Nous ne
pouvons qu'applaudir à leur respect pour le
texte de Norden ; cependant la fidélité scrupuleuse dont ils s'étoient fait une loi ne devoit pas
les empêcher d'ajouter quelques observations
en notes, et sur-tout de faire graver correctement les noms de lieux en arabe sur les cartes.
Je serois même fort porté à croire qu'aucun
des éditeurs n'avoit les premieres notions de

____

(1) *James Bruce*, l'auteur du *Voyage aux sources du Nil :*
nous entreprendrons de réfuter quelques unes de ses critiques,
aussi dures qu'injustes.

cette langue, qui étoit d'autant plus indispensable pour leur travail que Norden ne la savoit pas, comme il en convient lui-même: il prioit le premier Arabe, plus ou moins expérimenté, d'écrire en caracteres originaux les noms des lieux qu'il visitoit; il en exprimoit ensuite la prononciation conformément à l'orthographe danoise.

Le traducteur anglois de ce voyage, le savant *Templeman*, observe avec raison que les mots arabes gravés sur les planches sont souvent fautifs; « mais la presque impossibilité de faire « les changements nécessaires et convenables « l'a déterminé à n'en essayer aucun ». Il auroit pu faire la même observation sur les mots étrangers répandus dans le texte; mais sa silentieuse patience à les transcrire, quelque défigurés qu'ils soient, et ses notes, quoique remplies d'érudition, prouvent assez qu'il n'étoit pas plus initié que les éditeurs danois dans les langues orientales; car, après avoir cherché, dans les auteurs grecs et latins et dans les voyageurs modernes, des éclaircissements sur différents passages de *Norden*, il n'auroit pas

manqué de compulser les excellents et nombreux ouvrages des Arabes sur l'Egypte.

Malgré les imperfections de ces deux éditions (1), on sait à quel prix exorbitant les
a portées la concurrence des amateurs, des savants et des artistes. Nous avons donc pensé
que ce seroit bien mériter des uns et des autres
que de publier une nouvelle édition de ce
Voyage, moins chere, plus commode, et sur-
tout plus correcte que les précédentes. En nous
imposant la loi de donner le texte de Norden
dans toute son intégrité, nous n'avons pas cru
nous ôter la faculté de le rectifier par des additions. Quand il ne s'agit que de restituer ou
d'expliquer un nom turk ou arabe, nous le
répétons dans le texte entre deux parentheses,
ou bien au bas de la page avec une courte explication accompagnée de notre nom : ainsi
l'auteur ne sera pas responsable des erreurs qui
auront pu nous échapper. Quant aux *notes* de
l'édition angloise de *Templeman*, et à celles
que nous avons nous-mêmes puisées dans

---

(1) Nous ne parlons pas ici de la traduction allemande, publiée
en 1779 par Steffens, in-8°, 2 vol.: elle n'est pas connue en France.

Aboulfédhá, A'bdelatif, le Maqrizy, etc., nous avons cru devoir les rejeter à la fin de l'ouvrage, pour que ces nombreuses additions ne détournent pas trop fréquemment l'attention des lecteurs. Fondues dans la table géographique et dans celle des matieres, elles termineront le troisieme volume, et donneront à ces tables un genre d'intérêt qu'elles n'ont pas dans les autres ouvrages (1).

Les *observations* de notre auteur sur la *Pyramidographie de Greaves* nous ont paru exiger un travail dont les lecteurs nous sauront peut-être gré. Il s'est souvent contenté de citer les premiers mots anglois du texte qu'il critique ou qu'il commente. Ces citations tronquées ne présentent aucun sens à ceux même qui savent la langue angloise. Nous avons traduit les phrases en entier, et nous nous sommes per-

––––––––––

(1) On trouvera, par exemple, à l'article *Denderah*, la description de ce temple fameux que Norden regrette de n'avoir pas visité. Nous l'avons tirée de l'ouvrage anglois de Perry sur le Levant, qui nous en a aussi fourni l'élévation et la coupe géométrale. Nous ne parlons pas du *tableau comparatif des poids et mesures de l'Egypte*, de la chronologie des Coptes, des détails sur la langue du Ssa'yd ou de la haute Egypte, et d'une foule d'autres additions.

mis quelquefois d'ajouter nos observations à celles du voyageur, mais toujours en note et d'une maniere très distincte.

Les géographes remarqueront, sans doute avec plaisir, les additions faites sur les cartes de cette nouvelle édition, et dont nous sommes redevables à la complaisance du citoyen *Brion*, pere, connu depuis long-temps par ses talents et ses nombreux travaux. Il a tracé sur les cartes les degrés de longitude et de latitude; les premiers, suivant la double maniere de les compter du méridien de l'isle de Fer et du méridien de Paris. On trouvera aussi sur la *carte générale du cours du Nil* les échelles des différentes mesures itinéraires d'Egypte et de France, dressées par le même géographe. La disposition inverse de ces cartes, où le nord se trouve en bas et le midi en haut, a dû être conservée: l'auteur les a dessinées ainsi en remontant le Nil, pour donner une idée plus juste de sa marche. Nous avons copié fidèlement sur ces mêmes cartes les noms de lieux tels qu'il les a donnés, parceque nous avons eu soin d'en indiquer la véritable prononciation dans la table géographique, et même dans le cours du texte entre deux parentheses. Quant aux mots arabes, l'altération trop sensible des caracteres nous autorisoit à les écrire plus correctement et surtout plus lisiblement.

On n'a pas eu moins de respect pour les dessins que pour le texte; l'artiste s'est fait un devoir de ne pas ajouter d'ornement et de ne supprimer aucun détail. La réduction du format in-folio à l'in-4° l'a engagé à donner à son travail un fini que n'avoit pas celui des Danois. Nous nous contenterons d'indiquer la planche la plus chargée de détails, celle qui représente la cérémonie pratiquée à l'accroissement du Nil. Quoiqu'exécutée dans l'édition in-folio d'une maniere large et savante, elle est d'un ton lourd et même désagréable: en conservant autant qu'il a été possible cette maniere savante qui plaît tant aux artistes, on a tâché de répandre sur celle de notre édition cette fraîcheur et cette finesse qui flattent la vue des amateurs. Quant aux vignettes, fleurons et autres ornements dispersés dans l'édition in-folio, nous les avons réunis sur des planches qui se trouveront à la fin du troisieme volume.

C'est aussi dans l'intention de nous conformer à leur goût, que nous avons confié au citoyen Didot, l'aîné, l'exécution typographique de cet important ouvrage, pour lequel nous n'avons épargné ni travaux, ni soins, ni dépenses.

Nota. En restituant les noms arabes et turks à leur véritable prononciation, nous avons suivi une orthographe réguliere et uniforme, et l'on pourra même les transcrire en caracteres originaux, par le moyen de *l'Alphabet harmonique* (1), qui nous a servi de regle, et que nous donnons ici.

---

(1) Ce travail n'ayant été entrepris qu'en faveur de ceux qui savent la langue arabe, nous nous contenterons de donner les lettres arabes *isolées*, sans présenter les *initiales*, *médiales*, et *finales*. Les savants reconnoîtront ici avec plaisir les magnifiques caracteres arabes apportés autrefois de Rome par Savary de Brèves, employés à la Polyglotte de Lejay, imprimée par Vitray, que l'on croyoit anéantis, mais que l'on conserve soigneusement à l'Imprimerie nationale. Le comité d'instruction publique de la Convention a bien voulu nous en permettre l'usage.

ALPHABET HARMONIQUE

ARABE-FRANÇOIS.

Dzâl	Dâl	Khâ	Hhâ	Djym	Tçâ	Tâ	Bâ	Êlif
ذ	د	خ	ح	ج	ث	ت	ب	ا
Dz	D	Kh	Hh	Dj	Tç	T	B	(^)

Tdâ	Thâ	Dhâd	Ssâd	Chyn	Syn	Zâ	Râ
ظ	ط	ض	ص	ش	س	ز	ر
Td	Th	Dh	Ss	Ch	S *dure* ou ç	Z	R

Mym	Lâm	Kêf	Gâf	Fâ	Ghayn	A'yn
م	ل	ك	ق	ف	غ	ع
M	L	K	Q	F	Gh	(')

Yâ	Hâ	OUâou	Noun
ي	ه	و	ن
Y	H	OU	N

Lettres particulieres aux Turks et aux Persans.

Guêf	Jâ	Tchym	Pâ
گ	ژ	چ	پ
G	J	Tch	P

Notice des différentes éditions du Voyage de Norden.

Voyage d'Égypte et de Nubie, par Frédéric-Louis Norden; ouvrage enrichi de cartes et de figures dessinées sur les lieux;
Copenhague 1752 et 1755, grand in-folio, 2 vol.
Gœtting. zeit, 1751, p. 1034; *Gœtting. anzeig.* 1756, pag. 121, 129.

Travels in Egypt and Nubia, by F. L. Norden, translated from the original published by command of the king of Denmark, and enlarged with observations from antient and modern authors that have written on the antiquities of Egypt, by D. Peter Templeman, London 1757, *in-fol.* 2 *vol., et in-*8°, 2 *vol.*

L'édition in-8° est sans gravures, et l'on s'est servi des cuivres de l'édition françoise pour l'autre.

Nordens Beschreibung reise durch Egypten and Nubia mit anmerkungen Templemann's nach der Englischen ausgabe übersezt and mit einem vorbericht versehen von Joh. F. Es. Steffens; Breslau 1779, *gr. in-*8°, 2 *vol.*
A. D. Bibl. 44. *B. p.* 165, *Bücherverzeichnis* 1779, *p.* 284.
Berlin, Sammlung, n° 1608. *b.*

PRÉFACE

De l'édition de 1752 et 1755.

Les Egyptiens se vantent d'être un des peuples les
plus anciens de l'univers. Peu de nations, en effet,
pourroient leur disputer cette prérogative. Leurs prétentions à cet égard se fondent sur une multitude de
monuments marqués au coin de l'antiquité la plus
reculée ; titres d'autant plus respectables que les auteurs de tous les siecles en ont parlé avec admiration.

Un pays rendu fameux par tant de merveilles de
l'antiquité n'a pu que s'attirer l'attention des curieux
et devenir un des objets favoris de leur étude. Ces
derniers temps sur-tout ont produit nombre de voyageurs et de savants de différentes nations de l'Europe,
dont les relations et les recherches ont beaucoup plus
contribué à nous faire connoître l'Egypte et à en
éclaircir les antiquités, que tous les ouvrages publiés
auparavant sur cette matiere. Mais, avec tant de
secours, il s'en falloit bien encore qu'on fût parfaitement instruit de tout ce que l'Egypte renferme
d'important et de singulier. Les connoisseurs, loin

de trouver leur curiosité pleinement satisfaite , ren-
controient des défauts dans toutes les descriptions
de cette contrée , sans en excepter les plus modernes.
Ils jugeoient que certains articles n'étoient pas traités
avec assez d'exactitude et de fidélité ; que plusieurs
autres avoient été totalement omis , ou que du moins,
si l'on y avoit touché , ce n'avoit été que très super-
ficiellement : en sorte qu'on étoit bien éloigné de
pouvoir regarder ces relations comme achevées et en
tout point dignes de foi.

L'ouvrage de Norden , que nous présentons aujour-
d'hui au public , nous paroît suppléer en partie à ce
que les descriptions précédentes de l'Egypte avoient
laissé à desirer. Plusieurs personnes illustres et des
savants étrangers du premier ordre en ont pensé
comme nous ; et leur suffrage n'a pas peu contribué
au plaisir que nous avons senti en nous voyant chargés
du soin de mettre au jour ce nouveau *Voyage d'Egypte.*

Avant de donner des détails sur l'ouvrage même
et sur ce qui y a rapport , nous nous croyons dans
l'obligation d'instruire le public des principales circonstances de la vie de l'auteur. Nous les devons à
Roemeling , commandant des armées navales du roi
de Danemarck , ami intime de notre auteur , et aux

éclaircissements fournis par Norden, frere de celui dont il est actuellement question.

Frédéric-Louis Norden naquit à Gluckstadt le 22 octobre 1708. Son pere, George Norden, lieutenant-colonel d'artillerie, s'étoit marié à Catherine Henrischen, originaire, aussi bien que lui, de la ville de Rensbourg, et en avoit eu cinq fils. Comme il se proposoit de leur faire embrasser à tous la profession des armes, il prit un soin particulier de les y préparer de bonne heure, et leur fit apprendre les langues, l'histoire, la géographie, le dessin, et les mathématiques. Une mort prématurée emporta le troisieme et le cadet, déja officiers d'artillerie. L'aîné mourut capitaine d'artillerie en 1733. Le puîné et le quatrieme survécurent : l'un, ci-devant capitaine d'infanterie, a quitté le service ; et l'autre est ce voyageur si avantageusement connu par l'ouvrage que nous annonçons.

Destiné à la marine, il entra en 1722 dans le corps des cadets, composé d'une jeunesse d'élite, qui est élevée aux frais du roi de Danemarck et instruite dans tous les arts et sciences nécessaires pour former de bons officiers de marine.

Louis Norden fit dans une telle école tous les pro-

grès qu'on devoit attendre d'un si beau génie. Il réus-
sit sur-tout dans les mathématiques , dans l'art de
construire les vaisseaux, et dans le dessin. L'étude du
dessin, en particulier, faisoit son principal amuse-
ment, et il s'y prit d'une façon qui déceloit déja un
talent peu commun. La nature étoit à son gré le meilleur modele qu'on pût suivre : c'étoit elle aussi qu'il
imitoit constamment et qu'il se plaisoit à représenter
dans tous les objets qui s'offroient à sa vue, ne s'ar-
rêtant à copier les ouvrages d'autrui que pour saisir
le goût et s'approprier la maniere des grands maîtres.

La mort le priva de son pere en 1728; mais sa fortune n'en souffrit point. Feu *Delerche* , chevalier de
l'ordre de l'éléphant, démêla ses heureuses dispo-
sitions et les jugea dignes d'être encouragées et mises
en œuvre. Le feu roi Chrétien VI ayant remis à Delerche
un recueil de cartes et de plans topographiques pour
qu'il en fît retoucher une partie et recommencer
l'autre, il donna cette tâche au jeune Norden , et
eut lieu d'être satisfait du soin et de l'intelligence
qu'il y apporta. Mais un travail de cette espece ne
faisant que le distraire des occupations attachées à son
état, il obtint, par l'intervention de son protecteur,
d'en être dispensé , pour entrer dans une carriere

plus conforme à son génie et plus propre à le perfectionner dans le métier qu'il avoit embrassé. Delerche
le présenta, vers la fin de l'an 1752, au roi de Danemarck, qui résolut de le faire voyager, et le gra-
tifia, dans cette vue, d'une pension : il fut nommé,
en outre, lieutenant en second. L'amirauté lui pres-
crivit de s'appliquer dans ses voyages à l'art de construire les vaisseaux, et particulièrement les galeres
et des bâtiments à rame dont on se sert principalement dans la Méditerranée. Il partit peu après pour
la Hollande, où les secours que ce pays offroit dans
tous les genres qu'il s'étoit proposé de cultiver l'en-
gagerent à prolonger son séjour. Il s'y lia avec divers
amateurs des antiquités et des beaux arts, et il a
toujours entretenu depuis avec eux des relations littéraires. Il ne manqua pas aussi d'y faire la connoissance de plusieurs artistes distingués, dont nous ne
nommerons que Jean de Ryter, dessinateur et gra-
veur habile, qui, charmé de son ardeur à s'instruire,
se fit un plaisir de lui apprendre à graver à l'eau-forte.

En 1734, il quitta enfin la Hollande, pour se rendre
à Marseille : après s'y être exactement instruit de
tout ce qui pouvoit avoir rapport au but principal de
son voyage, il s'y embarqua pour Livourne, où il

redoubla d'application pour bien remplir la tâche qu'on lui avoit imposée. Il y fit faire des modeles pour le vieux Holm (1).

Il passa près de trois ans en Italie. Au milieu de tous les plaisirs dont on jouit en ce séjour, il ne fut sensible qu'à celui de perfectionner son goût et d'augmenter ses connoissances. Les liaisons qu'il y forma avec quantité de personnes de considération étoient d'autant plus flatteuses pour lui qu'il ne les devoit qu'à son mérite personnel ; et l'accès qui lui fut ouvert dans les cabinets d'antiquités , de médailles , et d'ouvrages de peinture et de sculpture, sur-tout à Rome et à Florence , fut un nouveau secours dont il ne manqua pas de profiter. Ses talents reconnus lui valurent d'être associé à l'académie de dessin à Florence. Ce fut en cette ville qu'il reçut du feu roi de Danemarck , l'an 1737 , un ordre de passer en Egypte. C'est l'époque de sa vie sur laquelle nous nous étendrons le plus dans la partie de cette préface consacrée à rendre compte de l'ouvrage que nous publions , et des circonstances qui l'ont fait naître. Il suffira de

______

(1) Lieu dans l'enceinte de la ville de Copenhague , où sont les chantiers et les arsenaux de l'amirauté.

dire ici que Louis Norden revint d'Egypte en 1738, après y avoir passé près d'un an; qu'il débarqua à Livourne, ayant en route pris terre à Messine; et qu'après avoir fait un tour à Venise, où il ne s'arrêta que peu de temps, il retourna par terre dans sa patrie, pour rendre compte du résultat de ses voyages.

Pendant son absence le roi de Danemarck l'avoit avancé d'un grade; et lorsque Danneskiold-Samsoé, qui étoit à la tête des affaires de la marine, lui présenta cet intéressant voyageur, il le nomma capitaine-lieutenant, et peu de temps après il fut fait capitaine de vaisseaux, et nommé membre de la commission établie pour la construction des navires.

A peine avoit-il pris possession de ce nouvel emploi, que la guerre s'alluma entre l'Angleterre et l'Espagne. Dans cette conjoncture, Danneskiold-Samsoé proposa au roi de Danemarck de permettre à divers officiers de sa marine d'aller servir en qualité de volontaires dans les flottes des puissances belligérantes, pendant que la patrie jouissoit des douceurs de la paix. Il associa Louis Norden à son neveu Ulric-Adolphe Danneskiold-Samsoé, alors capitaine de vaisseaux, pour faire ensemble quelques campagnes sur les escadres angloises. Nous regrettons encore ce jeune officier, que la mort nous a ravi à la fleur de son âge, dans le temps que, parvenu déja au grade de contre-amiral (1), il alloit remplir glorieusement les hautes espérances qu'on avoit conçues de lui.

Danneskiold-Samsoé et Louis Norden partirent avec Roemeling, et arriverent à Londres en février 1740. Norden fut d'autant plus favorablement reçu par-tout que sa réputation de voyageur instruit et éclairé l'avoit devancé.

L'été suivant nos trois compatriotes allerent s'embarquer sur la flotte commandée par Jean Norris. Ils eurent à se louer des amiraux, et du duc de Cumberland, qui s'étoit rendu à bord de l'amiral, dans le dessein de faire la campagne comme volontaire. Tout le monde sait que l'expédition projetée n'eut pas lieu.

La flotte étant rentrée dans les ports d'Angleterre, le comte de Danneskiold, Roemeling et Louis Norden en partirent de nouveau au mois d'octobre 1740, sous les ordres du chevalier Chaloner Ogle, qui devoit se rendre en Amérique pour y renforcer l'amiral Vernon. Il s'agissoit du siege de Carthagene. Louis Norden eut été très en état de nous donner une relation exacte de cette entreprise: il l'avoit même com-

____

(1) Schout-by-nacht.

mencée; mais d'autres occupations lui firent dans la suite perdre de vue ce dessein. L'expédition finie, nos volontaires revinrent en Angleterre dans l'automne de 1741.

De retour à Londres, Louis Norden y fut plus agréablement que jamais. Son commerce avec les Anglois lui en avoit fait adopter les goûts solides; et le fruit qu'il avoit su tirer de ses campagnes donnoit un nouveau lustre à son mérite. Il passa l'hiver et une partie de l'année suivante à Londres, et il y fut reçu membre de l'académie des sciences.

Ce fut à-peu-près vers ce temps-là que sa santé commença à s'affoiblir considérablement. Sa grande application au travail accabla bientôt un corps déja usé par les fatigues de la guerre et de la mer, et dont la constitution foible et délicate ne répondoit pas à l'ardeur agissante de son ame. Il se trouva attaqué de la consomption, et fut en danger de perdre la vie. Espérant que le changement de climat contribueroit à le rétablir, il se proposa, dans l'été de 1742, de faire un tour en France, et de visiter avec Danneskiold les côtes et les ports de ce royaume.

Avant de faire cette tournée ils voulurent voir Paris, et y faire quelque séjour: il fut troublé par une nou-

d

velle attaque de la même maladie dont Louis Norden venoit à peine de relever à Londres. La mort l'enleva enfin dans cette ville, le 22 septembre 1742. Les regrets sinceres de plusieurs étrangers recommandables le suivirent au tombeau, et sa patrie le mettra toujours au nombre de ces hommes distingués qui lui ont fait honneur. Tels sont les principaux évènements de la vie de notre auteur. Faisons connoître à présent aux lecteurs l'ouvrage que nous leur présentons : et, pour les instruire d'autant mieux de ce qui leur importe d'en savoir, commençons par leur rendre un compte plus particulier du voyage en Egypte qui en fait le sujet.

Ce fut par ordre de Chrétien VI, fondateur de notre société, que le voyage d'Egypte fut entrepris. Curieux d'enrichir la littérature de nouvelles découvertes touchant l'Egypte, et de mettre à profit la connoissance exacte de cette contrée pour donner plus d'étendue à la navigation de la nation danoise, il desiroit que l'on eût une relation circonstanciée de ce pays si éloigné et si célebre, mais une relation faite par un homme intelligent et dont on ne pût révoquer en doute la fidélité. Personne n'étoit plus en état que Louis Norden de remplir toutes ces vues.

Il étoit alors à la fleur de son âge, vif, sage, éclairé, d'un courage qu'aucun péril ni aucune fatigue ne rebutoit, observateur habile, grand dessinateur, et bon mathématicien ; il joignoit à toutes ces qualités un goût délicat et sûr : une forte envie d'examiner sur les lieux les merveilles de l'Egypte avoit prévenu en lui l'ordre qu'il en reçut.

Etant à Florence, il avoit trouvé occasion de lier commerce avec le baron de Stosch, si connu par son savoir et par son beau cabinet de pierres gravées, de médailles et d'autres antiquités. La conformité de leurs goûts les unit bientôt plus étroitement. Les entretiens qu'ils avoient tous les jours ensemble rouloient ordinairement sur les sciences, et principalement sur l'histoire et les antiquités. Stosch, plein d'admiration pour celles d'Egypte, regrettoit souvent l'incertitude et la défectuosité des relations de cette contrée, tant anciennes que modernes. Notre voyageur entra, sans peine, dans les idées de son ami ; insensiblement il se laissa aller au desir de voir les bords du Nil. La gloire qu'il trouvoit à instruire le public de tant de singularités intéressantes faisoit disparoître à ses yeux toutes les difficultés qu'il auroit à surmonter pour y parvenir.

Dans cette disposition, il reçut à Florence les ordres de la cour. Il s'empressa de les remplir, et de faire tous les préparatifs de son voyage, guidé par les lumieres de Stosch et par les renseignements de personnes qui avoient été en Egypte et qu'il rencontra à Livourne.

Il s'y embarqua, en 1737, pour Alexandrie, où il mit pied à terre au mois de juin, après une navigation de trente jours.

Il vit ce qu'il y avoit de plus curieux à Alexandrie et dans le voisinage, et poursuivit sa route jusqu'au Caire, où il arriva le 7 juillet de la même année. Obligé, par une grande maladie jointe à d'autres circonstances, d'y faire un séjour de plus de quatre mois, il ne manqua pas de tout examiner, soit dans la ville, soit aux environs, et d'aller voir les pyramides situées à quelques distances de cette capitale.

Etant enfin parvenu, le 17 novembre, à s'y embarquer sur le Nil pour continuer son voyage, il traversa la haute Egypte en remontant le fleuve, vit sur sa route Girge (Djirdjeh), capitale de cette contrée, et aborda à Essouaen ou Syene, où il se fit conduire à la premiere cataracte du Nil; mais il n'alla que jusqu'à Derri en Nubie, où des obstacles insurmontables l'empêcherent d'avancer plus loin.

Il reprit la route du Caire le 6 janvier 1738, toujours en naviguant sur le Nil, et débarqua le 21 février. En descendant le fleuve, il ne négligea point de rectifier et d'augmenter les observations qu'il avoit faites en le remontant, et d'en ajouter même de nouvelles. Il fit de même en repassant par la basse Egypte, principalement au Caire et à Alexandrie, d'où il partit sur la fin de mai pour retourner en Europe, muni de bons mémoires sur tout ce qui lui avoit paru intéressant et digne d'attention dans les pays qu'il avoit parcourus.

Ces mémoires étoient composés d'observations écrites sur des feuilles détachées, dont la plupart concernoient la basse Egypte, et d'un journal suivi et circonstancié du voyage de l'auteur, depuis le 17 novembre 1737 qu'il s'embarqua au Caire pour pénétrer dans la haute Egypte, jusqu'à son retour, le 21 février 1738.

Mais ce qui rehaussoit extrêmement le prix de ces cahiers, étoit un ample recueil de dessins et d'esquisses faits sur les lieux mêmes, auxquels se trouvoient jointes les explications et les remarques néces-

saires. Par-tout l'auteur avoit pris des dimensions,
dessiné des vues , et levé des plans.

Nous l'avons dit dessinateur exact ; de plus ses
connoissances dans l'architecture l'avoient mis à portée de représenter au juste ces superbes monuments
de l'Egypte ; et enfin l'étude des mathématiques lui
avoit fourni les moyens de dresser avec succès, et sur
des observations de la derniere exactitude, la grande
carte du Nil que nous avons de lui : elle occupe 29
planches , et nous osons avancer qu'elle surpasse
toutes celles qui en ont paru jusqu'ici (1).

De retour dans son pays, tous ces secours le mirent
en état de rendre un compte exact et circonstancié
des recherches qu'il avoit faites dans son voyage , et
d'entrer dans les plus grands détails pour éclaircir les
points qu'il croyoit les plus susceptibles d'intérêt. Ses
dessins, sur-tout, lui donnerent les moyens de mettre
sous les yeux du lecteur les objets les plus remarquables; les descriptions qu'il y ajouta vous transportent presque sur les lieux.

Le roi voulut qu'il rédigeât aussitôt la relation de

(1) On ne peut pas se dissimuler cependant qu'il s'y soit glissé
quelques erreurs, qui seront indiquées et rectifiées dans mes notes
et additions. (*Langlès*.)

son voyage . afin qu'elle pût être publiée pour l'instruction des curieux et des gens de lettres.

Louis Norden ne tarda pas à se mettre en devoir d'exécuter cet ordre. Il avoit établi avec le baron de Stosch, depuis leur séparation en 1737, un commerce de lettres dont les antiquités d'Egypte faisoient l'unique sujet. On ne sera pas fâché d'en trouver, à la fin de cette préface, un échantillon tiré du premier tome des *Nouvelles littéraires* de Florence. Outre cette correspondance, qu'il continuoit, il consulta encore plusieurs personnes intelligentes de son pays, et fit tous ses efforts pour rendre l'ouvrage qu'il avoit en main, intéressant et instructif.

Il revit d'abord et retoucha les dessins ; ensuite il se mit à arranger et à traduire de danois en françois ses observations sur la basse Egypte et les remarques qu'il avoit faites pour l'éclaircissement des dessins relatifs à cette contrée, et à en composer une relation réguliere, qui renvoyoit aux dessins, et rectifioit les relations connues.

Les fonctions attachées à son état, et l'assiduité avec laquelle il s'y livroit, durent naturellement retarder les progrès de l'ouvrage.

A peine avoit-il mis en ordre sa description d'A-

lexandrie et des pyramydes, que son voyage d'Angleterre et les campagnes dont nous avons parlé lui firent
remettre ce travail à un temps plus tranquille. Il se
chargea, à la vérité, d'une partie de ses cahiers,
comptant trouver, de temps à autre, une heure de
loisir pour continuer son ouvrage. Mais il fut obligé
de laisser le tout à Londres, excepté son journal, qu'il
traduisit de danois en françois. Ce fut pourtant pendant sa premiere campagne qu'il composa ses remarques sur la *Pyramidographie* de *John Greaves*,
que nous avons insérées dans le premier volume.

Martin Folkes, dont la république des lettres re-
grettera long-temps la perte, et à qui Louis Norden
adressa ses remarques, avoit vu quelques morceaux
de son ouvrage et en avoit parlé avec éloge à plusieurs
connoisseurs.

Notre auteur, de retour en Angleterre, ne tarda
guere à ressentir l'effet de ces éloges. Il fut, comme
nous l'avons déja dit, reçu membre de l'illustre
société dont Folkes étoit alors président.

A cette occasion il jugea à propos de donner au
public une idée de quelques ruines et statues colossales de Thebes en Egypte, dans une dissertation
angloise, dédiée à la société royale, qui a pour titre :

Drawings of some ruins and colossal statues at Thebes in Egypt, with an account of the same in a letter to the royal society , MDCCXLI (1). Cet essai, qui n'est proprement que le morceau de son journal qu'on lit dans le second volume, pages 165-173 (2), avec les quatre planches qui y appartiennent, lui valut de nouveaux applaudissements, et ranima le desir que le public avoit témoigné de voir l'ouvrage en son entier. Une mort prématurée l'empêcha de jouir de la gloire que ce travail n'auroit pas manqué de lui procurer.

Quoiqu'il soit mort loin de sa patrie, ses mémoires sur l'Egypte nous ont été cependant conservés. Lorsqu'il vit approcher sa fin, il eut la prévoyance de remettre tous les cahiers qui pouvoient avoir rapport à son *voyage d'Egypte* en des mains sûres et fideles, Daneskiold, protecteur déclaré de l'auteur pendant sa vie, se montra zélé pour sa gloire après sa mort, et fit valoir le dépôt précieux qui lui avoit été remis.

---

(1) *Dessins de quelques ruines et statues colossales de Thebes en Egypte, avec leur description dans une lettre à la société royale de Londres ,* 1741. (Langlès).

(2) Voyez le tome III de cette édition. (*L*).

Il en informa le roi, qui ordonna qu'on mît la derniere main à l'ouvrage, et que les dessins fussent gravés par le célebre Marc Tuscher, de Nuremberg.

Cet habile homme joignoit à ses talents en gravure et peinture le goût des belles-lettres et de l'antiquité : la connoissance des mathématiques et sur-tout de l'architecture lui donnoit une supériorité visible sur les artistes ordinaires. Outre cela il étoit presque le seul qui pût s'acquitter avec succès de la tâche dont il s'agissoit. Il avoit été, depuis plusieurs années, lié d'amitié avec l'auteur. Cette amitié, formée en Italie, se renouvela à Londres, où le voyage d'Egypte faisoit le sujet ordinaire de leurs entretiens. Tuscher avoit saisi les idées de son ami; et les dessins du voyage d'Egypte lui étoient presque aussi familiers qu'à l'auteur même. Aussi avoit-il, pour complaire à Louis Norden, gravé les deux premieres planches de l'*Essai* imprimé à Londres en 1741.

Une seule circonstance s'opposoit à un choix si convenable. Tuscher, quoique très habile dans l'art de graver, s'étoit proposé de quitter le burin et de s'en tenir désormais au pinceau, qu'il avoit de tout temps préféré. Il consentit pourtant à se charger d'un travail qui contribueroit à illustrer la mémoire de son ami, et vint pour cet effet à Copenhague, où, destiné à être professeur de l'académie de peinture, de sculpture et d'architecture, il auroit vu accroître sa réputation, déja si bien établie, si la mort ne l'eût enlevé au milieu de sa carriere.

A son arrivée à Copenhague, les dessins lui furent remis pour qu'il en commençât la gravure, et il se mit à y travailler avec ardeur, animé par cette tendre amitié qu'il avoit eue pour Norden.

L'ouvrage en étoit là, quand Frédéric V, aujourd'hui régnant, peu après son avènement au trône, donna ordre à notre société de le mettre en état de paroître.

La gravure des planches n'exigea que la moindre partie de notre attention. Le travail de Tuscher avançoit toujours. A sa mort toutes les planches se trouverent gravées, à l'exception de la derniere ou 159eme, qui représente la vue de Derri, et qu'on a été obligé de confier à d'autres mains. Il avoit même déja dessiné le portrait de l'auteur, et orné la planche d'une médaille qu'il avoit imaginée pour faire honneur à la mémoire de son ami; mais les infirmités qui précéderent sa mort ne lui permirent pas d'en achever lui-même la gravure.

Les mémoires demandoient plus d'application pour être rédigés et mis au net. Il falloit rassembler soigneusement les lambeaux épars de l'ouvrage, les disposer de la maniere la plus conforme au plan, traduire en françois ce qui n'étoit encore qu'en danois, retoucher le style quand il se trouvoit négligé, et faire enfin de son mieux pour porter le tout au point de perfection que les circonstances permettoient d'atteindre.

Lorsqu'il fut question d'examiner les choses en détail, on vit trop bien la différence qu'il y auroit entre les articles revus et achevés par l'auteur, et ceux auxquels il n'avoit pu donner la derniere main. Cependant, quelque forte que pût être la tentation de suppléer aux vuides de sa relation, et d'en éclaircir les obscurités au moyen des secours que d'autres écrivains anciens et modernes pourroient fournir, des raisons solides défendoient de prendre ce parti.

Nous avions déclaré en termes exprès, dans le plan de souscription, qu'on suivroit scrupuleusement les journaux de l'auteur tels qu'il les avoit laissés; et il paroît que lui-même a voulu préserver son ouvrage de tout mélange d'idées étrangeres, par une espece d'acte de derniere volonté, qu'il a laissé écrit de sa propre main sur un de ses cahiers, et que nous n'avons

jamais perdu de vue en arrangeant ses mémoires.
Le voici : « Si ces papiers tombent en d'autres mains ,
« qu'on ne s'attende pas à y trouver une description
« finie des endroits que j'ai vus. Ce ne sont que des
« mémoires écrits sur les lieux, et qui ne contiennent
« que le cours de mon voyage , les accidents qui m'y
« sont survenus , et les remarques qu'il m'a été per-
« mis de faire. Si je rapporte quelque particularité peu
« intéressante , on doit considérer qu'elle pourra ser-
« vir à mettre bien au fait les personnes qui pourroient
« avoir le même voyage à faire. Le tout est écrit à
« bonne intention et sans aucun embellissement. La
« vérité seule me guide. Je permets volontiers qu'on
« censure le style, il a besoin de correction ; mais je
« prie fort qu'on ne touche pas au reste. Je ne pré-
« tends pas que mes observations soient estimées au-
« delà de leur juste valeur ; j'ai fait de mon mieux :
« je n'ai pas écrit une syllabe dont je ne sois entiè-
« rement convaincu. Je n'ai pas voulu me prévaloir
« du proverbe : *A beau mentir qui vient de loin.* On
« peut m'en croire sur ma parole , et s'en reposer sur
« l'authenticité de mes dessins. »

Déterminés par ces considérations , nous nous sommes fait une loi inviolable de donner les mémoires de

l'auteur dans toute leur pureté, sans y rien ajouter, et sans y faire aucun changement, que par rapport au style et à l'arrangement des articles.

Notre attention scrupuleuse à ne point nous écarter de ce principe paroîtra par une preuve évidente dans les remarques de l'auteur sur la *Pyramidographie de John Greaves*, qui font partie du premier volume; il est question, p. 91 (1), du sépulcre d'Osymandias, et du cercle d'or que Cambyse en emporta. Louis Norden, après en avoir dit sa pensée, ajoute, qu'on pourra voir dans ses dessins l'endroit où le cercle peut avoir été attaché. Il avoit, sans doute, en vue la CXII^e planche (2), qui représente les ruines du palais de Memnon, et où l'on voit en effet une figure tracée sur la terre, qui ressemble assez à l'empreinte d'un cercle. Cependant, dans l'endroit de la relation de notre auteur qui se rapporte à cette planche, on ne trouve pas un seul mot de la particularité en question. Rien n'eût été plus facile que de la suppléer de notre chef. Mais, plutôt que de rien prêter à l'auteur, nous

---

(1) Et 140 de cette édition.

(2) C'est la IIIe de l'Essai imprimé à Londres en 1741, et la seule qui s'y trouve gravée de la main de notre auteur.

avons laissé sur son compte cette légere omission, nous contentant d'en avertir ici les lecteurs.

Nous ne saurions terminer cette préface sans applaudir aux preuves que tant de personnes, soit d'ici soit des pays étrangers, ont données de leur amour pour les lettres et les beaux arts, en favorisant la publication d'un ouvrage qui pourra n'être pas inutile à leur avancement. Sensibles à un empressement qui fait honneur aux lettres et à ceux qui les cultivent, nous n'avons eu de notre part devant les yeux, en dirigeant l'impression des recueils de notre auteur, que l'intérêt du public et la satisfaction de n'avoir omis aucun soin pour remplir entièrement nos engagements. Nous espérons qu'on le reconnoîtra à la vue de cet ouvrage, et qu'en faveur de notre exactitude sur tous les points essentiels on usera de quelque indulgence pour un retard que diverses circonstances accumulées et d'un trop long détail ont rendu malgré nous inévitable.

EXTRAIT

DES

NOUVELLES LITTÉRAIRES

Publiées à Florence l'an 1740, T. Ier, N° 30, 31,
col. 465, 468, 481, 485;

TRADUIT DE L'ITALIEN.

Num. 30.   Florence, le 22 juillet 1740.

LE baron de Stosch, qui se distingue par tant de rares qualités, nous a communiqué quatre lettres qu'il a reçues de Norden,
capitaine danois, très versé dans le dessin et dans la méchanique,
et d'un goût raffiné dans les beaux arts, à qui, en considération de sa grande habileté et de son mérite singulier, le roi de
Danemarck a donné ordre, il y a quelques années, de faire
le voyage d'Egypte, pour y observer et dessiner les monuments
les plus remarquables, et pour en faire ensuite une description
exacte et authentique. Les lettres dont il s'agit renferment des
renseignements très curieux, dont quelques uns tiennent lieu
d'une critique de la *Description de l'Egypte, par Maillet*. Ils
prouvent que ce consul n'a pas toujours été un observateur exact
et fidele. Nous donnerons ici ces lettres, traduites de l'original
françois, dans cette *nouvelle* et dans la suivante. La première

lettre du capitaine N. au baron de S. est du grand Caire, en date du 28 juillet 1737.

« Pendant mon séjour dans la ville d'Alexandrie je me suis
« occupé avec plaisir à examiner les précieux restes de l'antiquité
« qui s'y trouvent. Ils vous seront assez connus par les diverses
« descriptions qui en ont déja été faites, mais vous pouvez être
« persuadé qu'ils surpassent de beaucoup tout ce qu'on en a ja-
« mais pu dire. Vous avez la *description* de Maillet, s'il m'en
« souvient bien; mais cet auteur fait des contes à dormir debout.
« Je ne saurois lui pardonner d'avoir si impitoyablement estropié
« la belle *colonne de Pompée*. D'après le dessin qu'il en donne,
« on croiroit que ce n'est rien, au lieu qu'en la voyant on y trouve
« la plus belle proportion qui se puisse imaginer. J'en ai fait un
« dessin exact, que j'aurai un jour le plaisir de vous montrer. Le
« même voyageur nous dit que la base est fort endommagée,
« et que toute la colonne ne repose que sur une seule pierre : c'est
« une fausseté insigne. Les Arabes ne l'ont attaquée que d'un seul
« côté ; les trois autres sont quasi entiers, et soutiennent fort bien
« le grand poids de cette masse magnifique.

« J'ai dessiné encore les quatre faces de l'obélisque commu-
« nément nommé *Obélisque de Cléopatre*, et déja décrit par Pline,
« avec l'autre, qui est actuellement à terre, et qui, comme le pre-
« mier, étoit jadis placé au temple de César. Les hiéroglyphes
« de deux côtés (1) contigus ont beaucoup souffert du vent et de
« l'humidité : c'est pourquoi je les ai représentés tels qu'ils se
« trouvent. Vous verrez tout cela un jour, et jugerez si Maillet
« étoit capable de donner une juste idée de ces beaux monuments.
« Le mal est qu'il fait de même à l'égard du reste, dont il ne m'est
« pas permis, pour le présent, de vous faire un ample détail.
« Je vous communiquerai un jour les remarques que j'ai faites et
« que je vais faire à ce sujet. »

(1) Des côtés de l'ouest et du nord. Voyez les planches VII et VIII du premier volume.
Ceux des côtés de l'orient et du midi se trouvent sur la planche IX.

f

Comme S. avoit, en réponse à cette lettre, communiqué à N. diverses observations, d'après l'histoire ancienne qu'il possede à merveille, pour les confronter, s'il étoit possible, avec les monuments de la haute Egypte, vers laquelle N. s'acheminoit; celui-ci, après ce voyage, étant parti du Levant pour retourner en Danemarck, et arrivé à Venise, écrivit à S. la lettre suivante, en date du 20 septembre 1738.

« Je vous ai écrit diverses fois pendant mon séjour en Egypte;
« mais n'ayant reçu aucune réponse, je n'ai pas voulu vous dis-
« traire de vos occupations par une correspondance peu intéres-
« sante, et que l'éloignement rendoit si irréguliere. A présent que
« je me trouve ici, je ne veux pas me priver du plaisir de satisfaire
« à mon devoir par la présente, et de vous assurer que les lumieres
« que vous m'avez données m'ont été d'un grand secours dans la
« visite des antiquités précieuses de ce fameux royaume. J'en ai
« observé une grande quantité, et j'en ai pareillement dessiné et
« mesuré la plus grande partie, le tout pourtant avec beaucoup
« de fatigue et de dangers; car, pour dire le vrai, les pays que
« l'on rencontre au-delà du Caire sont presque impraticables aux
« voyageurs. Nous y avons pourtant pénétré aussi avant qu'on
« peut naviguer en barque sur le Nil, c'est-à-dire jusqu'à la se-
« conde cataracte, et tant qu'il y a quelques antiquités à voir; j'ai
« parcouru ainsi un assez grand espace, pour lever avec toute
« l'exactitude possible une carte géographique, depuis le grand
« Caire jusqu'à Derry. Je pourrai peut-être travailler un jour à
« rassembler tous mes matériaux, pour en faire un ouvrage qui
« manque, selon moi, à la littérature. J'ai rencontré divers ob-
« jets dont parle Strabon, et entre autres les deux grands colosses
« que j'ai dessinés avec plusieurs autres. J'ai pareillement vu un
« reste de la statue de Memnon, autant que je puis conjecturer.
« Le palais de Memnon est tout entier, et orné d'hiéroglyphes
« significatifs, d'une grande beauté, où les couleurs incrustées
« sont aussi bien conservées que si elles eussent été appliquées

« hier. J'aurois souhaité vous montrer tout mon recueil, composé
« de plus de deux cents dessins, en passant auprès de vous; mais
« la permission de faire le voyage d'Egypte, et l'ordre de retour-
« ner dans mon pays et de voir en passant Venise, m'étant
« parvenus en même temps, je n'ai pas osé me détourner de mon
« chemin, et je pars la semaine prochaine pour continuer mon
« voyage jusqu'à Copenhague, sans m'arrêter en route ». Les
deux autres lettres, qui sont liées aux précédentes, paroîtront
dans une autre nouvelle.

Num. 31.   Florence le 29 juillet 1740.

CONTINUATION *de la correspondance du capi-*
taine N. avec le baron de S., dont il est fait
mention dans le n° 30, col. 465.

LE baron de S., en réponse à la derniere lettre que le capitaine
N. lui avoit écrite de Venise, lui a envoyé une notice des auteurs
qui ont fait la description de l'Egypte (1), en lui conseillant de
faire graver ses dessins, et lui demande enfin s'il a observé le
fameux temple de César, dont parle Philon le Juif, et où celui-là
faisoit sa demeure. La relation de ce grand temple se trouve
dans le livre de Philon sur la légation à Caïus, et commence par
ces mots : Οὐδὲ γὰρ τοιοῦτὸν ἐσὶ τέμενος οἶον τὸ λεγόμενον Σεβάσ-
τιον, ἐπιβατηρίου καίσαρος νεὼς, où l'historien le décrit de la
maniere la plus précise et la plus exacte, et en parle comme
d'un des plus surprenants édifices de l'antiquité. Le capitaine N.
répliqua ainsi à tous ces points, le 25 octobre 1738, à son passage par Hambourg, où il reçut la lettre de S.

« Par votre derniere lettre, du 27 du mois dernier, laquelle
« m'a été rendue le 25 du courant à mon arrivée en cette ville,
« j'ai senti un grand plaisir de me voir toujours dans vos bonnes

(1) On trouvera cette notice à la suite de ces lettres. (L).

« graces , et je vous fais bien des remerciements des informations
« que vous m'avez fournies sur les auteurs qui ont écrit sur
« l'Egypte. Quant aux conseils que vous me donnez de faire
« graver mes dessins, la chose reste encore indécise, parcequ'outre
« que j'ignore si le roi, qui m'a fait voyager , comme vous savez
« bien, le permettra , je ne voudrois pas non plus m'exposer
« avant que d'être certain si mon travail est nouveau, ou si la
« même tâche a déja été fournie par d'autres. J'aurois pu appren-
« dre à quoi m'en tenir à cet égard, me trouvant avec vous et
« vous montrant mes dessins ; mais je n'ai pas pu avoir cet avan-
« tage. M. Zanetti , à Venise , votre ami, les a vus ; mais comme
« il les a extrêmement loués, je ne sais ce que j'en dois croire : si
« vous vouliez , vous lui en pourriez demander des nouvelles ;
« et de cette façon je saurois peut-être , en quelque maniere , ce
« que j'en pourrois augurer. Le grand temple dont parle Philon
« étoit situé entre le petit Pharillon et la nouvelle ville , à gauche
« en entrant dans le grand port d'Alexandrie : aujourd'hui il n'y
« a plus que deux obélisques , dont l'un est encore debout à son
« ancienne place, mais l'autre est rompu et presque enseveli sous
« les ruines. Outre celui-là , je n'ai pas trouvé d'autres colonnes
« sur pied , mais bien une grande quantité en pieces , dont quel-
« ques unes sont dans l'eau et les autres se trouvent employées
« aux tours du mur antique élevé par les Sarrasins pour servir
« d'enceinte à la ville. Les colonnes de la foire dont vous parlez
« n'ont point de connexion avec ce temple ; il s'en voit une demi-
« douzaine dans la rue de Rosette. On s'en est servi pour faire
« une galerie sur laquelle les maisons reposent , et où l'on peut
« se promener à couvert, comme à Padoue, ou dans la place de
« S.-Marc à Venise. J'ai dessiné les obélisques , et j'ai pris la vue
« et le plan de tout cela ». Arrivé enfin à Copenhague, N. écrivit
encore à S. une longue lettre, datée du 19 avril 1739 , dont nous
donnons un extrait. « J'espere me procurer l'auteur écossois
« dont vous me parlez » ; (c'est Alexandre Gordon , que S. lui

avoit indiqué pour l'explication des peintures antiques); « mais
« comme il ne traite que des peintures antiques qui se trouvent
« sur les cercueils des momies, il ne me servira pas beaucoup
« à expliquer les peintures merveilleuses que j'ai vues sur une
« infinité d'anciens édifices, ou à en donner du moins l'idée.
« Imaginez-vous, dans l'étendue d'une lieue d'Italie, des palais
« à colonnes de 32 pieds de France en circonférence, revêtus
« de pierres sablonneuses taillées en quarré, et tout couverts, tant
« en dedans qu'au dehors, de quantité de peintures qui repré-
« sentent le culte des dieux du pays, les rits et coutumes des
« habitants, leur maniere de faire la guerre et de naviguer,
« avec des devises d'amour entremêlées. Imaginez-vous encore
« que c'est une maniere de peindre tout-à-fait différente de celle
« qui se pratique aujourd'hui ; de sorte qu'il faut que je vous
« en communique une légere idée. Une peinture de 80 pieds
« de hauteur, et large à proportion, est partagée en deux rangs
« de figures gigantesques en bas-reliefs, et couvertes de très belles
« couleurs, qui sont appliquées selon que le requiert l'habil-
« lement ou la carnation de la figure. Mais ce qu'il y a de plus
« merveilleux, c'est que l'azur, le jaune, le verd et les autres couleurs
« sont aussi bien conservées que si elles avoient été appliquées
« hier, et tiennent si fortement à la pierre que jamais je n'en
« ai pu ôter la moindre parcelle. L'espace qui se trouve entre
« ces figures colossales est plein d'une infinité d'autres pein-
« tures et d'hiéroglyphes, dont une grande partie présente un
« sens facile à concevoir ; et les autres, qui sont du goût de
« ceux qui se voient sur les obélisques, et qui sans doute con-
« tiennent l'histoire et la description de ce qui se voit dans la
« peinture, sont ensevelis dans l'oubli : grand changement que
« le temps a produit. Ce qui devoit expliquer la peinture n'est
« plus connu que par la peinture même. Le dedans des tem-
« ples et des palais ne contient pas à la vérité des représentations

« d'une grandeur si démesurée, mais tout est rempli de la même
« maniere. Vous me demanderez si le dessin est bon et de bon
« goût. Oui, tout est travaillé avec bien plus d'exactitude que
« ces idoles de granit que nous avons vues au capitole. La rai-
« son en est toute simple, c'est que la matiere de ces idoles
« est trop dure, au lieu que celle des figures que j'ai vues de-
« puis peu est plus traitable. Vous voudriez savoir encore si j'ai
« pris copie de quelqu'une d'entre elles. Assurément; j'ai une
« petite ébauche qui représente une partie d'une grotte sépul-
« crale qui est tout historique (1). Mais pourquoi rien de plus?
« me direz-vous. Personne n'est tenu à l'impossible : j'ai été
« obligé de borner mon ambition à traiter en général cette
« magnificence de l'antiquité : si j'avois voulu entrer dans un
« examen détaillé des beautés particulieres, je n'aurois pu en
« venir à bout. Il est vrai que j'ai eu bien souvent une forte
« tentation de l'entreprendre ; mais, en réfléchissant sur
« mon dessein, il m'arrivoit toujours de ne rien conclure ;
« et les moments étoient si précieux dans cette contrée que
« j'étois contraint de me retirer tout enchanté. Je ne finirois
« point, si je voulois me mettre en devoir de vous commu-
« niquer exactement ce que j'ai vu dans cette source de toutes
« les sciences. Qu'on ne me parle plus de Rome ; que la
« Grece se taise, si elle ne veut pas être convaincue qu'elle
« n'a jamais rien su que par le moyen de l'Egypte. Quelle
« vénérable architecture ! quelle magnificence ! quelle mé-
« chanique ! quelle nation enfin, qui a eu le courage d'en-
« treprendre des ouvrages si surprenants ! ils surpassent, en
« vérité, l'idée qu'on s'en peut former ; et j'y trouve seulement
« à redire, qu'en m'exprimant sans la moindre exagération
« à leur sujet, on aura toujours peine à me croire ». Ce

(1) Voyez la planche CXXV.

Danois, d'un esprit si cultivé, auteur des précédentes lettres, se trouve à présent, en qualité de volontaire, dans l'escadre de l'amiral Haddok, au Port Mahon (1).

(1) C'étoit dans la flotte de l'amiral Norris que Louis Norden se trouvoit alors, comme on l'a dit dans la préface, en rendant compte des particularités de sa vie.

TRADUCTION

DE LA LETTRE

DE NORDEN

Au président MARTIN FOLKES *, et aux membres de la* société royale *, en leur envoyant le traité qu'il publia à Londres à l'occasion de son admission dans cette compagnie* (1).

MESSIEURS,

LES planches que j'ai l'honneur de vous présenter ont été gravées d'après quatre dessins d'une collection que je fis sur les lieux il y a quatre ans, par ordre du roi de Danemarck : il me chargea de dessiner les restes des antiquités qui sont encore dispersées dans presque toute l'Egypte.

Comme ces dessins pourroient bien servir à éclaircir certains passages de quelques auteurs anciens qui ont parlé de la statue de Memnon, je joins ici la plupart de ces passages mêmes, avec tout ce que j'ai pu trouver dans les ouvrages modernes

(1) Voyez ci-dessus page XXV de la préface.

Nota. Le texte original de cette lettre, d'après lequel nous en donnons la traduction, se trouve dans l'édition angloise de ce voyage, tome I, page 23. (*Langlès.*)

relatif au même objet (1), et un extrait de mon propre journal, contenant mes observations faites sur le lieu même, et
écrites aussitôt après avoir fini mes dessins, auxquels elles
servent d'explication (2).

Je les offre, messieurs, à des savants profonds et capables
par l'étendue de leurs connoissances de juger des ouvrages de
l'antiquité, de comparer entre eux les écrits des anciens, d'en
corriger les erreurs et les inexactitudes ; car ceux-ci ne doivent
pas avoir été moins sujets à se tromper que les modernes.

Quant à moi, je n'ai nulle prétention à l'érudition : voyageur
sincere, je me contente d'examiner les objets bien soigneusement
et de raconter avec fidélité tout ce que j'ai vu.

Les trois premiers dessins ont été levés sur le lieu même et
finis comme vous les voyez : depuis je n'ai pas voulu les retoucher,
à plus forte raison n'y aurois-je point ajouté d'embellissement.
Le quatrieme, qui contient le plan du palais de Memnon, a été
fait depuis mon retour, mais d'après des esquisses et des mesures prises sur les lieux pendant mon séjour à Thebes.

Ces merveilles et ces agréments qui rendent si agréables à la
multitude les relations de voyages, mais qui détruisent en même
temps tout le profit qu'on pourroit tirer de cette lecture, m'ont
toujours paru indignes sur-tout d'un homme qui décrit des pays
assez éloignés pour qu'il soit très difficile de constater la véracité
de ses rapports. Je crois donc devoir assurer à mes lecteurs que
la sincérité et la simplicité seront les seules bases de toutes les

(1) Notre intention étant de donner un extrait raisonné de la savante dissertation de
Jablonski *de Memnone Græcorum et Ægyptiorum*, publiée en 1756, quatre ans après la
mort de notre voyageur, nous nous bornerons à indiquer les citations de Norden, sans copier
les textes mêmes, auxquels les savants pourront aisément recourir. Voyez l'article *Memnon* à
la table des matieres. (*Langlès.*)

(2) Les observations dont parle Norden se trouvent en entier à l'article du jeudi 12 dé-
cembre de son journal, tome II de cette édition. (*L.*)

observations que je pourrai publier sur les endroits que j'ai visités, ou sur les objets que j'ai crus dignes d'attention. Telle est ma résolution, je ne m'en départirai jamais.

C'est par leur exactitude seule que j'ai jugé ce petit nombre de dessins digne de vous être présenté : j'espere que vous les accepterez comme un foible gage de mon respect et de ma reconnoissance pour l'honneur que vous m'avez fait de m'admettre au nombre des membres de votre illustre société.

Je suis bien sincèrement, etc.

Londres, ce 7 janvier 1741.

F. L. NORDEN.

AUTEURS ANCIENS ET MODERNES

Qui ont parlé de la statue de Memnon, et qui sont cités par Norden.

STRABO, *lib. XVII.*

PLINII *Historia naturalis, lib. XXXVI, cap.* 7.

TACITI *Annales, lib. II, cap.* 61.

PAUSANIAS, *Attic. cap.* 42.

PHILOSTRATUS, *de Vita Apollonii, lib. VI, cap.* 3.

Ejusdem Iconum lib. I.

LUCIANI *Toxaris seu amicitia.*

LUCIENI *Philopseudes.*

TZETZES *Chiliad. VI, hist.* 64.

DIONYSII *Periegesis, vers.* 249.

JUVENALIS *satyr.* 15.

WANSLEB, ou plutôt PORTAIS, cité par celui-ci dans sa nouvelle Relation d'un voyage en Egypte, page 410.

MAILLET, Description de l'Egypte, lett. 8.

SICARD, Plan d'un ouvrage sur l'Egypte ancienne et moderne, tome V des Mémoires des missions de la compagnie de Jésus dans le levant.

Discours sur l'Egypte, par le même, tome VII.

ADDITIONS ET CORRECTIONS

Pour le Ier Volume du Voyage de NORDEN.

PAGES.	LIGNES.		LISEZ.	
vij	13		Qandjah	قنجه
17	27 et passim.	Calisch	Khalydje	خليج
19	12	Bédouin	Bedouy	بدوي
18	2	Bogas	Boughâz	بوغاز
40	5	Alcoran	{ Âlqorân ou plutôt, le Qorân }	{ القران }
44	Dernière	Assappes	A'zab	عزب
45	1.ere	Aga	Âghâ	اغا
48	3	Chiaous	{ Tchâouch	چاوش
49	Passim	Sious	}	
56	5		Kharadje	خرج
71	7		Pârah	پان
73	3	Maïdin		ميدين
	4	Felourly	Fondouqly	فندقلي
	7	Genzerli	Zendjerly	زنجرلي
		Maboub	Mahhboub	محبوب
74	8	Rotal	Rothl	رطل

h

liv

PAGES.	LIGNES.		LISEZ.	
74	9	Dragmes	Dirhem	درهم
	15	Ocque	Ouqyah	وقيه
	18	Pique	Pyk	بيك
78	7		Bâzâr	بازار
	17	Djgzah	Djyzah.	
	21		Minâreh	منان
	23 et passim		Meqyâs	مقياس
81	Dernière		Roudhah	روضه
84	13	Calife	Khalyfeh	خليفة
85	12		Djoumez	جومز
87	7		Merkeb	مركب
	13		Dharëirah	نزيره
89	4		Berdaq	بردق
94	1 et 4		Djisr	جسر
Id. et passim			Pâchâ	باشا
96	9	Beg	Beye	بك
	21		Mamlouk	ملوك
	Dernière	Portes	Qapou	قاپو
97	1.re	Janissaires	Yegnitcher	يكيچر
	23		Qaftân	قفتان

PAGES.	LIGNES.		LISEZ.		
7	25	Dyvan	Dywân	ديوان
	27		Kiâyâ	كايا
			ou	
			Kikhya	كخيا
			ou	
			Ketkhodâ	كتخدا
9	6	Schorbatschies	Tchorbâdjy	چرباجي
			Chorbâdjy	شورباجي
	12		Qâdhy	قاضي
	20		Waly	ولي
00	6		Kiâchef	كاشف
	7		Qâym-maqâm	قايم مقام
	14		Moufty	مفتي
01	1.re		Fellâhh	فلاح
	6		Cheykh	شيخ
103	10	Meidam	Mêïdân	ميدان

Nota. Les noms de lieux étant écrits en arabe sur les cartes, nous n'avons pas cru devoir les répéter ici.

VOYAGE

D'ÉGYPTE ET DE NUBIE.

PREMIERE PARTIE.

ANCIENNE ALEXANDRIE.

L'ancienne Alexandrie a été sujette à tant de révolutions et si souvent ruinée, qu'on auroit aujourd'hui de la peine à la retrouver, si la situation de ses ports et quelques monuments antiques ne nous en indiquoient pas la véritable place.

Ces guides infaillibles me serviront à décrire avec une espece d'ordre ce que j'ai pu observer. Je ne prétends pas néanmoins donner une description complete, ni écrire l'histoire entiere de l'accroissement et de la décadence de cette grande ville; mon unique but est de communiquer fidèlement ce que j'ai vu et ce que j'ai pu remarquer touchant l'état présent de l'ancienne et de la nouvelle ville. L'ordre que je tiendrai sera celui que ma mémoire me fournira; et si par hasard je ne m'explique pas quelquefois assez clairement, les dessins que j'ai levés sur les lieux acheveront de perfectionner l'idée que le lecteur aura conçue par la relation que je vais donner.

Le vieux et le nouveau port sont présentement à Alexandrie ce qu'on appeloit autrefois les ports d'Afrique et d'Asie. Le premier est réservé pour les Turcs; le second est abandonné aux Européens. Ils different l'un de l'autre en ce que le vieux est bien plus net et bien plus profond que le nouveau, où on est obligé de mettre de distance en distance des tonneaux vuides sur les cables, afin qu'ils ne soient pas rongés par le fond qui est pierreux. Mais si cette précaution garantit les cables, les vaisseaux ne laissent pas d'être toujours exposés aux risques de se perdre : l'ancre ne tenant pas si bien de cette façon, un gros vent détache aisément le vaisseau, qui, se trouvant une fois à la dérive, périt dans le port même, parcequ'il n'a ni assez d'espace ni assez de profondeur pour faire tenir de nouveau ses ancres. Un vaisseau françois se perdit de cette maniere l'année qui précéda mon arrivée à Alexandrie.

L'entrée du nouveau port est défendue par deux châteaux d'une mauvaise construction turque, et qui n'ont rien de remarquable que leur situation, puisqu'ils ont succédé à des édifices très renommés dans l'histoire.

Celui qu'on appelle le grand Pharillon a au milieu une petite tour dont le sommet se termine par une lanterne, qu'on allume toutes les nuits, mais qui n'éclaire pas beaucoup, parceque les lampes y sont mal entretenues. Ce château a été bâti sur l'isle de Phare, qu'il occupe tellement, que s'il y a encore quelques restes de cette merveille du monde que Ptolomée y avoit fait élever, ils demeurent entièrement cachés pour les curieux. Il en est de même de l'autre château, connu sous le nom de petit Pharillon. Il ne présente aucun vestige de la célèbre bibliotheque qui, dans les temps des Ptolomées, étoit regardée comme la plus belle qu'on eût jamais vue.

Chacune de ces deux isles est attachée à la terre ferme par un môle. Celui de l'isle de Phare est extrêmement long; il m'a paru avoir trois mille pieds d'étendue, et fait partie de briques, partie de pierres de taille. Il est voûté dans toute sa longueur; ses cintres sont à la gothique, et l'eau peut passer dessous : il ressemble en cela au reste du môle de Pouzzol, qu'on donne communément pour le pont de Caligula. Il n'est pas croyable que les Sarrasins ni les Turcs en aient été les inventeurs; s'ils y ont trouvé les ruines d'un ancien môle, ils les ont tellement défigurées en les réparant, qu'on n'y remarque pas le moindre trait qui ressente la belle antiquité.

Le môle qui donne le passage au petit Pharillon n'a rien de particulier que deux zigzags qui, en cas de besoin, peuvent servir à sa défense.

Les Pharillons et leurs môles, l'un à la droite ,
l'autre à la gauche du port, conduisent insensiblement
à terre; mais il est bon d'avertir que , précisément à
l'entrée du port, on a à passer des rochers dont les
uns sont au-dessous et les autres au-dessus de l'eau.
Il faut les éviter soigneusement : pour cet effet on
prend des pilotes turcs , préposés pour cela, et qui
viennent à la rencontre des vaisseaux hors du port : on
est assuré alors d'arriver dans le port, et d'y mouil-
ler avec les autres vaisseaux qui sont affourchés tout
le long du grand môle comme dans l'endroit le plus
profond.

Rien n'est plus beau que de voir de là ce mélange
de monuments antiques et modernes qui, de quelque
côté qu'on se tourne , s'offrent à la vue. Quand on a
passé le petit Pharillon, on découvre une file de grandes
tours, jointes l'une à l'autre par les ruines d'une épaisse
muraille. Un seul obélisque debout a assez de hauteur pour se faire remarquer dans un endroit où la
muraille est abattue. Si l'on se tourne un peu plus ,
on s'apperçoit que les tours recommencent; mais elles
ne se présentent que dans une espece d'éloignement.
La nouvelle Alexandrie figure ensuite avec ses minarets ; et au-dessus de cette ville , mais dans le loin-
tain , s'éleve la colonne de Pompée , monument des
plus majestueux. On découvre aussi des collines, qui
semblent être de cendre , et quelques autres tours.
Enfin la vue se termine à un grand bâtiment quarré ,
qui sert de magasin à poudre, et qui joint le grand môle.

Planche II.

Planche V.

Magasin à poudre.

Planche III.

Après avoir mis pied à terre, nous traversâmes la
ville neuve, et nous prîmes la route de l'obélisque,
où nous n'arrivâmes qu'après avoir grimpé sur des
murailles ruinées, qui offrent, au travers d'une tour
de maçonnerie, un passage libre jusqu'au pied de
cet antique monument; et à peine s'en est-on approché
qu'on en voit à côté un autre qui a déja depuis long-
temps été obligé de plier, et qui se trouve presque
tout enterré.

L'obélisque qui est debout, et qu'on appelle encore
aujourd'hui l'obélisque de Cléopatre, indique que
c'est l'endroit où a été le palais de cette reine, auquel on donne aussi le nom de palais de César. Il ne
reste d'ailleurs aucun vestige de ce superbe bâtiment,
ce qui fait que je ne m'arrêterai qu'à l'obélisque.

Cet obélisque de Cléopatre est situé presque au milieu, entre la nouvelle ville et le petit Pharillon : sa
base, dont une partie est enterrée, se trouve élevée
de 20 pieds au-dessus du niveau de la mer. Entre ce
monument et le port regne une épaisse muraille,
flanquée à chaque côté de l'obélisque d'une grande
tour ; mais cette muraille a été tellement ruinée,
que son haut est presque égal à la base de l'obélisque.
La partie intérieure de la muraille n'est qu'à 10 pieds
de ce monument, et la partie extérieure n'est qu'à
quatre à cinq pas de la mer. Tout le devant de cette
muraille jusques bien avant dans le port est rempli
d'une infinité de débris de colonnes, de frises, ou
d'autres pieces d'architecture qui ont appartenu à un

édifice superbe : ils sont de diverses sortes de marbres ;
j'y ai apperçu du granit et du verd antique. Du côté
de la terre l'obélisque a derriere lui une assez grande
plaine , qu'on a si souvent fouillée que tout le terrain
semble avoir été passé au crible : il n'y vient par-ci
par-là qu'un peu d'herbe , encore est-elle de si mauvaise substance qu'elle se seche d'abord.

Quant à l'obélisque en lui-même , il est d'une seule
piece de marbre granit. Les planches VII , VIII et
IX représentent les dessins de ses quatres faces avec
leurs dimensions.

Il suffit seulement de dire qu'il n'y a que deux de
ces faces qui soient bien conservées ; les deux autres
sont frustes , et on y voit à peine les hiéroglyphes
dont elles ont été couvertes anciennement.

L'obélisque renversé paroît avoir été cassé ; mais
ce qu'on déchiffre de ses hiéroglyphes fait juger qu'il
contenoit les mêmes figures et dans le même ordre
que celles de l'obélisque qui est debout.

On s'étonnera sans doute de ce que les empereurs romains ne firent pas transporter à Rome cet
obélisque plutôt que les autres qu'il falloit aller chercher bien loin : mais si l'on considere les deux faces
qui ont été gâtées par l'injure des temps , on trouvera que c'étoit là une raison suffisante pour ne le point
emporter ; et cette raison dispense de recourir à
d'autres.

Quelques auteurs anciens ont écrit que ces deux
obélisques se trouvoient de leur temps dans le palais

de Cléopatre, mais ils ne nous disent point qui les y avoit fait mettre. Il est à croire que ces monuments sont bien plus anciens que la ville d'Alexandrie, et qu'on les fit apporter de quelque endroit de l'Egypte pour l'ornement de ce palais. Cette conjecture a d'autant plus de fondement, qu'on sait que, du temps de la fondation d'Alexandrie, on ne faisoit plus de ces monuments couverts d'hiéroglyphes, dont on avoit déja perdu long-temps auparavant et l'intelligence et l'usage.

Les deux côtés d'une pierre si dure, gâtés et effacés, nous font connoître la grande différence qu'il y a entre le climat d'Alexandrie et celui de tout le reste de l'Egypte: car ce n'est ni le feu ni une main brutale qui ont endommagé ces pierres; on voit clairement qu'il n'y a que l'injure du temps qui a rongé quelques unes des figures, et qui en a effacé d'autres, quoiqu'elles fussent gravées assez profondément.

Comme les dessins donnent au juste les contours des figures qui couvrent les faces de cet obélisque, je me dispense d'entrer dans un plus long détail: ainsi, après avoir donné tout ce que je sais par rapport à ce monument, je le quitte pour examiner ce qui se trouve au pied des murailles et le long de la mer depuis l'obélisque jusques vers le petit Pharillon.

J'ai déja dit qu'au devant de l'obélisque on trouve une grande quantité de divers marbres qui paroissent avoir été employés à quelque édifice superbe. On juge facilement que ce sont les débris du palais qui étoit situé dans l'endroit où est l'obélisque : ce n'est que parcequ'ils sont dans la mer qu'ils restent là ; l'accès en est trop difficile pour les retirer et pour les emporter. Il n'en a pas été de même de ceux qui, en tombant, demeurerent sur la terre ; on en a enlevé une partie pour les transporter ailleurs, et le reste a été employé dans la nouvelle Alexandrie. Il n'y a donc point lieu d'être surpris si, dans l'espace que nous allons parcourir, on ne trouve plus de ruines d'une matiere si rare. On n'y apperçoit effectivement que des ouvrages de brique cuite au feu et très durs : ils méritent pourtant notre attention, puisqu'ils se présentent avec un air d'antiquité. Quelques canaux voûtés, ouverts et en partie comblés ; des appartemens à demi détruits ; des murailles entieres renversées, sans que les briques se soient détachées : tout cela prouve que ce ne sont pas des ouvrages d'une construction moderne. Par malheur ces ruines forment un chaos si confus, qu'on ne sauroit se faire une juste idée des édifices qui étoient dans ce quartier. Tout ce qu'on peut s'imaginer c'est que ces bâtiments appartenoient au palais, et qu'ils étoient employés à différents usages, comme pour servir d'égouts de maisons particulieres, de corps-de-garde, et autres choses semblables.

La curiosité ne va pas plus loin de ce côté-là. Il y auroit encore à examiner le petit Pharillon ; mais la garnison n'en permet point l'entrée : il faut donc prendre le parti d'aller considérer ce que c'est que ces

grandes

grandes tours jointes par des murailles si épaisses. On
n'a nulle peine à concevoir que c'est l'enceinte de
l'ancienne Alexandrie. Mais de quel temps est cette
enceinte? c'est sur quoi on pourra hasarder un sentiment, après avoir examiné l'objet de près, et après
l'avoir bien considéré.

Ses tours, qui forment comme des boulevards, ne
sont pas toutes d'une égale grandeur, ni d'une même
figure, ni d'une même construction; il y en a de rondes,
d'autres sont quarrées, d'autres ont la figure d'une
ellipse ; et celles-ci se trouvent quelquefois coupées
par une ligne droite dans un de leurs côtés.

Elles different de même dans leur intérieur. Il y
en a qui ont une double muraille, et à l'entrée un
escalier en colimaçon qui conduit jusqu'au haut de
la tour. Quelques unes n'offrent pour tout passage
qu'un trou dans la voûte, et par lequel il falloit passer à l'aide d'une échelle. Généralement parlant les
entrées de ces tours sont fort petites et fort étroites,
et donnent sur l'intérieur de la courtine ou muraille
de jonction. Leurs différents étages sont formés par
des voûtes, supportées quelquefois par une colonne,
quelquefois par plusieurs; il y en a même qui sont
soutenues par un large pilier. Les embrasures qui
regnent tout à l'entour de ces boulevards sont étroites
et s'élargissent en dedans ; elles ressemblent à celles
qu'on voit à plusieurs anciens châteaux en Angleterre.
On ne remarque aucuns puits dans ces tours, et je
ne doute point cependant qu'elles n'en aient eu; il

Enceinte d'Alexan-
drie.

Ses tours
ou boule-
vards.

y a apparence qu'ils auront été abandonnés, et qu'ils
se seront comblés avec le temps. Toutes les tours
sont bâties de pierres de taille et d'une architecture
très massive. Dans la partie la plus basse on remarque tout à l'entour et de distance en distance
des fûts de colonnes de différentes sortes de marbres;
et on les y a placés de façon que, quand on les voit
de loin, on les prend pour des canons qui sortent de
leur embrasure. On apperçoit encore, par-ci par-là,
quelques carreaux de marbre mis en œuvre; mais
tout le corps du bâtiment, comme je l'ai déja dit,
est formé de pierres de taille; et elles sont d'une espece sablonneuse, comme celles de Portland ou de
Bentheim.

Les murailles qui font la jonction des tours, et qui
avec elles ont composé l'enceinte de la ville, ne sont
pas non plus par-tout d'une même largeur, ni d'une
même hauteur, ni d'une même construction; quelques unes peuvent avoir 20 pieds d'épaisseur, tandis
que d'autres en ont plus ou moins; leur hauteur va
à 30 et à 40 pieds. On ne peut pourtant pas assurer
à la seule vue de ces ruines que toute l'enceinte de
la ville ait été bâtie de la maniere que je l'ai remarqué
en parlant de la muraille voisine de l'obélisque; mais
elle avoit, du côté intérieur, une allée presque dans
le même goût que celle qu'on voit dans l'enceinte du
palais d'Aurélien à Rome.

Il ne me reste plus qu'à dire, à l'égard de cette
enceinte, que les tours comme les murailles, au moins

celles qu'on peut voir, sont toutes fort endommagées,
et dans plusieurs endroits ruinées entièrement. Après
cela il n'est plus question que de savoir si, avec ce
qui vient d'être observé et avec ce que nous apprend
l'histoire, on peut décider si cette enceinte est du
temps de la premiere fondation d'Alexandrie, ou en
quel temps elle peut avoir été construite.

Si nous devons croire l'histoire et ce qu'elle nous
dit de la grandeur de l'ancienne Alexandrie, il nous
seroit bien difficile de la renfermer dans une enceinte
de si peu d'étendue. Cependant, sans nous engager
dans ce qu'on veut qu'elle ait été, nous pouvons nous
en tenir à considérer ce qui reste de cette célebre
ville.

On apperçoit d'abord une architecture très massive
et telle qu'il convenoit qu'elle fût pour soutenir le
choc des béliers : mais cela peut être de tout temps.
Attachons-nous donc à des particularités qui soient
capables de faire sentir la différence d'un temps à
l'autre ; et dans ce cas on ne sauroit guere se prévaloir que des colonnes qui soutiennent les voûtes en
dedans, et des fûts des colonnes qui se montrent en
dehors. Les colonnes ont des chapiteaux qui absolument ne paroissent point être du siecle d'Alexandre ;
le goût en est trop sarrasin pour remonter leur origine si haut. Mais, dira-t-on, une voûte tombée, et
réparée par les Sarrasins, auroit pu faire le même
effet : il ne reste donc que les fûts des colonnes de
différents marbres, qui témoignent que l'ouvrage n'est

ni de la premiere fondation de la ville, ni du temps des Ptolomées, ni de celui des Romains : il n'y a que des barbares qui puissent avoir fait un usage si bizarre des pieces d'une matiere aussi précieuse en Egypte que l'est le marbre étranger. Ces colonnes ont été sans doute tirées des ruines d'Alexandrie, et peut-être même du palais de Cléopatre : car si elles avoient été apportées de Memphis telles qu'elles sont, on y verroit des hiéroglyphes ; mais on n'en apperçoit ni sur ces colonnes ni sur les carreaux de marbre employés çà et là. Concluons donc que cette enceinte n'a été faite que quand les Sarrasins, après avoir ruiné Alexandrie, se trouverent dans l'obligation de s'y fortifier pour profiter de l'avantage des ports , et que, de tout le terrain de l'ancienne ville, ils n'en renfermerent qu'autant qu'il leur en falloit alors pour leur défense et pour la sureté de leur commerce.

Après avoir fait le tour de l'ancienne ville il convient de voir ce qui est renfermé dans son enceinte , où l'on ne trouve guere aujourd'hui que des ruines et des décombres , si on en excepte un très petit nombre de mosquées, d'églises, de jardins, et quelques citernes, qu'on peut regarder comme entières, puisqu'elles sont encore assez bien entretenues pour fournir de l'eau à la nouvelle ville.

Nous connoissons si bien présentement l'obélisque de Cléopatre et sa situation, qu'il est à propos de partir de ce point pour aller reconnoître les églises de S. Marc et de Ste Catherine, qui en sont les plus près.

Ces deux églises appartiennent aux chrétiens , et sont maintenant desservies par des prêtres grecs et par des prêtres coptes ; d'ailleurs elles se ressemblent si fort l'une l'autre qu'une seule description suffira pour toutes les deux. Elles n'ont rien de respectable que le nom d'églises qu'elles portent ; et elles sont si obscures , si sales et si remplies de lampes , qu'on les prendroit plutôt pour des pagodes que pour des temples où le vrai Dieu est adoré.

Celle de S. Marc n'a rien de particulier qu'une vieille chaire de bois, qu'on fait passer, si je m'en ressouviens bien , pour celle de l'évangéliste dont l'église porte le nom : je n'assure pourtant pas le fait, parceque je ne me le suis pas assez mis dans l'idée pour me le rappeler au juste. Ce que je puis garantir, c'est que le saint évangéliste est infiniment mieux logé dans son église à Venise que dans celle d'Alexandrie.

Dans l'église de Ste Catherine on montre avec grande vénération un morceau de colonne sur laquelle on prétend que cette sainte eut la tête coupée ; et quelques taches rouges qu'on y fait remarquer sont , dit-on , des gouttes de son sang.

Au voisinage de cette église on rencontre la butte de S^te - Catherine , qui est une colline formée des ruines de la ville ; il y en a encore une autre de même espece et de même grandeur : toutes deux ont été fouillées et refouillées si souvent, que ce ne sont proprement que des tas de poussiere. On n'y trouve rien que quand il a plu : l'écoulement des eaux laisse alors à découvert quelques pierres gravées , ou autres petites choses qui ont échappé à la vue de ceux qui ont fouillé les premiers , ou qu'ils ont rejetées comme peu dignes de leur attention. Les Sarrasins en ont usé ici de la même maniere que les Goths et les Vandales à Rome : ils ont fait sauter la pierre de la bague avec un fer pointu ; ils ont pris l'or, et ont jeté la pierre, qu'on trouve ordinairement endommagée par cette violence. Il est rare qu'on y découvre maintenant quelque chose de bon. J'ai vu une infinité de ces pierres ; j'en ai même acheté quelques unes , sans pouvoir dire que j'en aie acquis une seule qui soit de bonne main.

Avant que de sortir de la ville je jetai les yeux sur quelques fûts de colonnes de marbre granit, qui sont encore debout, par-ci par-là, sur le chemin qui conduit à la porte de Rosette. Il peut y en avoir une demi-douzaine ; mais elles ne nous apprennent rien, sinon que cette longue rue doit avoir eu de chaque côté des portiques, pour se promener près des maisons et à l'abri : ce qui en reste fait juger qu'elles étoient toutes de même grandeur , mais il n'est pas aussi facile de décider si elles étoient de quelque ordre d'architecture , ou faites dans le goût égyptien : elles sont enfoncées d'un tiers dans la terre et toutes ont perdu leur chapiteau ; elles ont la surface unie et la circonférence plus grande vers le bas que vers le haut. Voilà ce que j'y ai remarqué ; mais ce n'en est pas assez pour fonder quelques conjectures raisonnables : du reste il n'y avoit pas moyen de me dispenser d'en parler , parcequ'elles ont certainement droit de tenir une place parmi les antiquités qui subsistent à Alexandrie.

Après avoir suivi le chemin qui conduit à la porte de Rosette, je passai cette porte pour me rendre à la belle colonne appelée communément la colonne de Pompée. Elle est placée sur une hauteur d'où l'on a deux belles vues ; l'une qui donne sur Alexandrie, l'autre sur le terrain bas qui s'étend le long du Nil, et qui environne le calisch ou canal creusé au-dessus de Rosette pour porter l'eau du Nil à Alexandrie. Mais je parlerai plus bas de ce canal : tenons-nous présentement à la colonne de Pompée.

Colonne de Pompée.

Planche. XI.

Cette colonne ne doit pas être proprement un monument égyptien, quoique la matiere dont elle est faite ait été tirée des carrieres du pays : c'est apparemment la plus grande et la plus magnifique colonne qu'ait produite l'ordre corinthien.

Si on veut bien jeter les yeux sur le dessin que j'en donne, il me restera fort peu de choses à dire touchant ce superbe monument : un chacun est en état d'en juger par lui-même, sur-tout quand j'avertirai que le fût est d'une seule piece de marbre granit, que le chapiteau est d'une autre piece de marbre, et le piédestal d'une pierre grise approchant du caillou pour la dureté et pour le grain : à l'égard des dimensions on les trouve marquées sur la planche qui donne le dessin de cette colonne.

Pour ce qui est du fondement sur lequel posent le piédestal et la colonne, on le trouve ouvert d'un

Fondemenfs de la colonne.

côté. Un Arabe, dit-on, ayant creusé sous ce fondement, y mit une boîte de poudre, afin de faire sauter la colonne en l'air et de se rendre maître des tré·
sors qu'il s'imaginoit être enterrés dessous : malheureusement pour lui il n'étoit pas bon mineur ; son
entreprise échoua ; la mine s'éventa, et ne dérangea
que quatre pierres qui faisoient partie du fondement,
dont les trois autres côtés resterent entiers : l'unique
bien qui en résulta fut que les curieux étoient désormais en état de voir quelles pierres on avoit employées à ce fondement. J'y ai remarqué une piece de
marbre blanc oriental tout rempli d'hiéroglyphes si
bien conservés qu'il m'a été aisé de les dessiner exactement. Une autre grande piece, qui n'est pas partie
de sa place et qui demeure cependant à découvert,
est d'un marbre de Sicile jaunâtre et tacheté de rouge :
il a également ses hiéroglyphes, mais tellement en-
dommagés que je n'en ai rien pu tirer. Un morceau
d'une petite colonne avoit encore servi à ce fondement,
ainsi que quelques autres morceaux de marbre qui
n'ont rien de remarquable.

J'ai déja dit que le dommage n'a été fait que d'un
côté : ce qui a été enlevé du fondement laisse tout
au plus un vuide de trois pieds au-dessous du piédestal, et le milieu ainsi que les trois autres côtés
restent dans leur premiere solidité. Cependant Paul
Lucas, qui ne s'est pas contenté de nous donner un
dessin peu exact de cette colonne, nous la représente
encore comme ne posant plus effectivement que sur

la

Fragment
d'un marbre
chargé d'hié-
roglyphes.

Planche
XII.
Fig. 2.

la seule pierre du milieu. Dans le fond on pourroit
lui passer cette faute, comme tant d'autres : mais
qu'un consul général qui a demeuré seize ans au
Caire, qui prétend avoir mieux vu qu'aucun autre
voyageur, et qui a demeuré assez long-temps à
Alexandrie pour pouvoir examiner cette colonne, se
soit contenté de copier le dessin qu'il a trouvé dans
Paul Lucas, c'est ce qui n'est pas concevable. Peut-
être avoit-il des raisons de politique pour en user de
la sorte. Il formoit le projet de transporter cette colonne en France; et, ne la représentant assise que
sur une seule pierre, elle en paroissoit d'autant plus
aisée à descendre et à embarquer. J'avouerai cependant que ce qu'ils en disent l'un et l'autre est plus
exact que le dessin qu'ils donnent.

Après avoir considéré la colonne de Pompée et les
autres objets dont j'ai fait mention, il ne s'offre plus
d'ailleurs à la vue qu'une campagne rase. On me dit
néanmoins qu'il y a dans le voisinage des catacombes, Catacombes.
et qu'un quart de lieue de chemin y conduit : c'en
est assez pour m'engager à faire cette traite. Nous
arrivons bientôt au lieu indiqué; nous y entrons, et
nous trouvons une longue allée souterraine qui n'a
rien de particulier. Elle ressemble pour la largeur
aux catacombes de Naples. Cela ne valoit pas la peine
de nous y arrêter davantage : nous prîmes donc la
route du Calisch, ou canal de Cléopatre, qui fournit
de l'eau douce à Alexandrie pour tout le cours de
l'année.

En descendant la colline nous entrâmes dans une plaine toute couverte de broussailles qui ne portent que des câpres ; et en avançant davantage, nous nous engageâmes dans un bois ou dans une forêt de dattiers. Leur fertilité fait voir qu'ils se ressentent du voisinage du Calisch, dont les eaux leur sont portées par quelques canaux d'arrosement pratiqués entre les arbres. Nous traversâmes ce bois, et nous rencontrâmes enfin le Calisch.

Les bords de ce canal sont couverts de différentes sortes d'arbres, et peuplés de divers camps volants de Bédouins ou d'Arabes errants. Ils sont là pour faire paître leurs troupeaux, dont ils se nourrissent, vivant d'ailleurs dans une grande pauvreté. Ils voudroient bien être plus à leur aise ; et je n'ai pas oublié qu'un jour que je sortois de bon matin par la porte de Rosette, une vingtaine d'entre eux avoit grande envie de me dépouiller ; et ils auroient mis leur dessein à exécution si un janissaire que j'avois avec moi ne les en avoit empêchés. Ces Arabes ressemblent aux hirondelles : tant qu'ils jouissent dans un lieu du beau temps et de l'abondance, ils y demeurent ; mais dès que la disette vient, ils délogent et vont chercher des endroits plus fertiles. C'est à ces changements de demeures aussi bien qu'à leur pauvreté qu'ils doivent la liberté dont ils jouissent. Il leur seroit fort difficile de la garder s'ils avoient plus de bien qu'ils n'en ont.

Le Calisch, à ce que l'histoire nous apprend, fut pratiqué pour faciliter le commerce et pour porter les marchandises du Caire à Alexandrie sans les exposer à passer le Bogas, ou l'embouchure du Nil, parcequ'elles auroient couru risque de s'y perdre. On y trouvoit encore une autre utilité, en ce que la ville d'Alexandrie, dépourvue d'eau douce, en pouvoit être pourvue abondamment par le moyen de ce canal. Aujourd'hui il est hors d'état de répondre à tous ces desseins. Creusé simplement dans la terre, sans être soutenu d'aucun revêtement de maçonnerie, il s'est peu-à-peu comblé. La décadence du commerce et la ruine du pays ne permettent plus aux habitants de fournir à la dépense qu'il faudroit faire tous les ans pour tenir ce canal dans le niveau requis. Il ressemble aujourd'hui à un fossé mal entretenu, et à peine y coule-t-il assez d'eau pour remplir les réservoirs nécessaires à la consommation de la nouvelle Alexandrie. Je le passai à pied sec dans le mois de juin. On y remarque néanmoins un endroit revêtu de murailles : c'est où commence l'aqueduc, qu'on peut suivre tout le long de la plaine, et même jusqu'à Alexandrie ; car, quoiqu'il soit sous la terre, les soupiraux qu'il a de distance en distance font assez connoître la route qu'il prend pour se rendre aux réservoirs ou citernes, qui ne se trouvent que dans ce que nous avons vu être l'ancienne ville. Du temps qu'elle subsistoit, tout le terrain qu'elle occupoit étoit creusé pour des réservoirs, dont la plus grande partie est maintenant comblée. Il n'en reste qu'une demi-douzaine, encore ne sont-ils pas trop bien entretenus.

Réservoirs ou citernes.

Il seroit superflu d'entreprendre de faire ici la description d'un de ces réservoirs; un coup-d'œil jeté sur le dessin que j'en donne en apprendra plus que tout ce que je pourrois dire : j'avertirai seulement d'une chose que le dessin ne sauroit exprimer; c'est que toutes les voûtes paroissent être faites de briques et couvertes d'une matiere impénétrable à l'eau. Cette matiere est précisément la même que celle dont sont couvertes les murailles et les *piscinari* ou réservoirs qu'on voit à Baïes et à Rome dans les thermes des divers empereurs.

La plus grande partie des colonnes qui supportent les voûtes de ces réservoirs sont de différentes sortes, et la plupart dans le goût gothique, ou plutôt sarrasin. Il n'est pas concevable qu'elles aient été placées de la sorte dès le commencement; une entiere destruction a fait sans doute que les unes ont pris la place des autres. On aura réparé les réservoirs qui étoient le moins ruinés, et on se sera servi pour cela de ce qui coûtoit le moins à mettre en œuvre. Jugeons de là de quelle maniere le reste doit avoir été traité.

De tous les réservoirs dont on se sert aujourd'hui celui qui est voisin de la porte de Rosette conserve le plus long-temps son eau, apparemment parcequ'il est plus bas que les autres. Quand il y en a quelqu'un de vuide, on a soin de le nettoyer vers le temps de l'accroissement du Nil; car il faut savoir que ces réservoirs ne peuvent pas se vuider d'eux-mêmes. Ils sont faits pour recevoir l'eau et pour la conserver, et non pour la laisser échapper. On les vuide par le moyen de pompes à chaînes ou à chapelets; et, lorsqu'on veut transporter l'eau à la nouvelle ville, on en remplit des outres que l'on charge sur le dos des chameaux ou des ânes. L'obligation où l'on est de vuider à la main ces réservoirs nous fait connoître la raison pourquoi on en a comblé un si grand nombre. La consommation n'étant plus si grande dans la nouvelle ville qu'elle l'étoit dans l'ancienne, l'eau se seroit corrompue et auroit infailliblement causé des maladies par sa mauvaise odeur; d'ailleurs il n'y avoit pas moyen de subvenir à la dépense qu'il auroit fallu faire pour les nettoyer tous les ans. Si l'on avoit bouché les canaux de l'aqueduc qui conduisent l'eau, on auroit été en danger de faire un cloaque général. Enfin on remédioit à un autre inconvénient : la plupart des réservoirs étant à moitié ruinés, il valoit mieux les combler que s'exposer aux accidents que leur conservation auroit fait naître d'un jour à l'autre. Voilà tout ce que je puis dire touchant les réservoirs d'Alexandrie. Les dessins et les mesures dont ils sont accompagnés acheveront d'en donner une idée complete.

Il ne nous reste plus dans l'enceinte de l'ancienne Alexandrie qu'à voir ce que c'est que la porte de Rosette, et une autre porte par où on sort de la ville neuve pour entrer dans la vieille après qu'on a traversé la grande place de cette derniere. Ces deux portes sont bâties dans le même goût que le reste de l'enceinte : celle de Rosette a quelques petites tours à chaque angle; l'autre, qui

est proche d'un boulevard, n'a qu'une simple ouverture dans la muraille. Les battants de la porte sont
de bois et couverts de plaques de fer extrêmement
rouillées.

Comme il vaut mieux achever de dire tout ce qui
concerne l'antique avant de passer au moderne, il
convient de faire un tour vers le vieux port, au bord
duquel nous rencontrerons des restes d'antiquités
appartenants à l'ancienne Alexandrie, ou du moins
à ses fauxbourgs.

Le vieux port, autrement le port d'Afrique, a d'un
côté le grand Pharillon qui le défend, comme il fait
la défense du nouveau port. A l'opposite du grand
Pharillon et sur la langue de terre qui forme le vieux
port, il y a un autre petit château pour la sureté du
même port de ce côté-là ; et en front, une partie de
la nouvelle ville se joint à la vieille. C'est de ce point
que nous partons pour aller examiner des restes d'antiquités, qui consistent en grottes sépulcrales, en temples souterrains, en petits ports ou bains, etc.

Grottes sé-
pulcrales.

Les grottes sépulcrales commencent dès l'endroit
où les ruines de la vieille ville finissent, et elles suivent
à une grande distance le long du bord de la mer. Elles
sont toutes creusées dans le roc ; quelquefois les unes
sur les autres, quelquefois l'une à côté de l'autre,
selon que la situation du terrain l'a permis. L'avarice
ou l'espérance d'y trouver quelque chose les a fait
toutes ouvrir : je n'en ai pas vu une seule fermée ; et
je n'ai absolument rien rencontré en dedans. On juge

aisément, par leur forme et par leur grand nombre,
de l'usage auquel on les avoit destinées. On peut dire
qu'en général elles n'ont que la largeur qu'il faut pour
contenir deux corps morts l'un à côté de l'autre : leur
longueur va tant soit peu au-delà de celle d'un homme,
et elles ont plus ou moins de hauteur selon la disposition de la roche. La plus grande partie a été ouverte avec violence ; et ce qui en reste d'entier n'est
orné ni de sculpture ni de peinture. C'est là un champ
trop stérile pour s'y arrêter davantage : il vaut mieux
jeter les yeux sur ces petits enfoncements du rivage
dont on se servit pour y pratiquer des retraites agréables, où l'on se divertissoit en prenant le frais, et
d'où, sans être vu que quand on le vouloit bien, on
voyoit tout ce qui se passoit dans le port. Quelques
rochers qui s'y avancent fournissoient une charmante
situation, et des grottes naturelles qu'ils formoient
donnoient lieu d'y pratiquer, à l'aide du ciseau, de
véritables endroits de plaisance. On y trouve en effet
des appartements entiers faits de cette façon ; et des
bancs ménagés dans le roc offrent des places où l'on
est à sec, et où l'on peut se baigner dans l'eau de la
mer qui occupe tout le fond de la grotte. En dehors on
avoit de petits ports, par lesquels on abordoit avec
des bateaux qui y étoient à l'abri de toutes sortes de
vents. Si l'on vouloit jouir de la vue du port, on
trouvoit facilement sur le roc, au dehors de la grotte,
une place à couvert des rayons du soleil. Toutes ces
agréables retraites, qui sont en grand nombre, n'ont

d'ailleurs aucun autre ornement. Les endroits où le ciseau a passé sont unis, et le reste a la figure naturelle du roc.

A trente ou quarante pas du bord de la mer et à l'opposite de la pointe de la presqu'isle qui ferme le port on trouve un monument souterrain auquel on donne communément le nom de Temple. On n'y entre que par une petite ouverture sur la pente de la terre élevée qui borde le port de ce côté-là. Nous y entrâmes munis de flambeaux, et nous fûmes obligés de marcher courbés dans une allée fort basse, qui, au bout d'une vingtaine de pas, nous introduisit dans une salle assez large et quarrée. Le haut est un plafond uni comme les quatre côtés; et le bas est rempli de sable, ainsi que des ordures des chauves-souris et des autres animaux qui y ont leur retraite.

Plan et coupe d'un souterrain.

Planche XIII.

Ce n'est pas là proprement ce qu'on nomme le Temple. On n'a qu'à passer une autre allée, et on rencontre quelque chose de plus beau. On trouve un souterrain de figure ronde dont le haut est taillé en forme de voûte : il a quatre portes, l'une à l'opposite de l'autre. Chacune d'elles est ornée d'un architrave, d'une corniche, et d'un fronton surmonté d'un croissant. Une de ces portes sert d'entrée; les autres forment chacune une espece de niche bien plus basse que le souterrain, et qui ne contient qu'une caisse épargnée sur le roc en creusant, et suffisamment grande pour renfermer un corps mort.

Cette description, ainsi que le plan et la coupe du

souterrain, mettent le lecteur en état de juger que
ce qu'on donne dans le pays pour un temple doit
avoir été le tombeau de quelque grand seigneur, ou
peut-être même d'un roi. Du reste, comme il n'y a
ni inscription ni sculpture qui fasse connoître à quoi
cet édifice a servi, je laisse à un chacun à décider
sur l'usage auquel il étoit destiné. J'avertirai seulement
que la galerie qui continue au-delà de ce prétendu
temple semble annoncer qu'il y a plus loin d'autres
édifices de cette nature. L'opinion commune veut
aussi qu'il y ait dans le voisinage d'autres semblables
souterrains, mais ils ne sont point connus ; apparemment parceque l'entrée en est si bien fermée qu'elle
demeure interdite, ou parcequ'après les avoir ouverts
on les a tellement négligés, que le trou s'est bouché
par le sable; et il en arrivera, selon les apparences,
autant à celui dont je viens de parler, puisque l'entrée devient de jour en jour plus petite, et l'allée
plus basse. Je me félicite cependant d'en avoir vu
assez pour en donner une juste idée et pour en conserver la mémoire.

En montant au-dessus du même rocher, on rencontre de grands fossés, dont on ne sait ni la desti-
nation ni le temps où ils ont été creusés. Ils sont
taillés perpendiculairement de la surface en bas, et
peuvent avoir quarante pieds de profondeur sur cin-
quante de longueur et sur vingt de largeur. Leurs côtés
sont fort unis ; mais le fond est si rempli de sable,
qu'à peine peut-on découvrir le haut d'un canal qui,

Fossés dont
on ignore la
destination.

dans quelques uns de ces fossés, semble devoir mener à quelque souterrain. On sait bien, sans que je le dise, qu'il est hors de la portée d'un voyageur de faire nettoyer de pareils endroits pour satisfaire sa curiosité. Quiconque connoît le pays ne sauroit exiger une démarche si périlleuse; et ceux qui, sans avoir rien vu, prétendent qu'on fasse tout ce qui leur semble praticable, n'ont qu'à voyager en Egypte pour y apprendre qu'il est plus aisé de juger que de faire par soi-même.

Il s'agiroit maintenant de passer à la description de la nouvelle Alexandrie; mais avant que de quitter l'ancienne j'ai encore bien des choses à dire et des réflexions à faire à son sujet. Il ne suffit pas d'avoir fait le tour de cette ancienne ville, d'être allé hors de son enceinte voir la colonne de Pompée, d'être entré dans les catacombes qui sont au voisinage, d'avoir vu le canal de Cléopatre, d'avoir parcouru les bords du vieux port, et le terrain voisin qui avoit paru mériter nos recherches; on omet toujours quelque chose dans de pareilles occasions, et quelquefois on laisse trop entendre. Il sembleroit, par exemple, en lisant la description que j'ai donnée de l'enceinte de la vieille ville, qu'on la peut suivre tout à l'entour sans qu'elle soit interrompue nulle part : il est pourtant certain qu'il se trouve des espaces où il ne reste ni boulevards ni murailles; et si on veut connoître ces espaces, on n'a qu'à examiner le plan, on les y verra d'un coup-d'œil. De plus, pour avoir une idée

Planche
I.

juste de l'état du terrain qui étoit occupé par l'ancienne
ville, il y a à connoître autre chose que les antiquités qui
subsistent. Les édifices modernes même, la butte de
Sainte-Catherine, et la plaine voisine de l'obélisque,
ne font pas, avec les antiquités, tout l'espace entier.
Il convient encore d'ajouter que le reste ne differe
guere du terrain qui est près de l'obélisque; que tout
a été remué et fouillé; que le meilleur a été emporté;
et que, s'il y a encore quelque chose qui en vaille la
peine, il faudroit le chercher bien avant dans la terre,
ou dans les réservoirs qu'on a comblés.

Question curieuse.

D'autre part il se présente naturellement quelques
questions qui méritent qu'on y réponde. D'où avoit-
on tiré, dira-t-on, cette énorme quantité de marbre
et de granit qu'on employa à la construction de la
premiere Alexandrie? et qu'est-ce que tout cela est
devenu depuis la destruction de cette grande ville?
Si je n'entreprends pas de répondre positivement à
ces demandes, je hasarderai du moins des conjectures
qui soient tant soit peu raisonnables.

Réponse.

Un chacun, je pense, conviendra avec moi qu'il
n'auroit pas été sensé d'aller chercher bien loin ce
qu'on avoit en quelque maniere sous la main, et que,
si on l'eût entrepris, on n'auroit jamais pu porter
cette ville au degré de magnificence où on la vit dès
sa premiere fondation, ou peu de temps après sous
les Ptolomées. Il est donc naturel de supposer que la
premiere Alexandrie tiroit son plus grand lustre de
la destruction de Memphis; et cette raison est d'au-

tant plus probable, qu'il faut absolument un endroit
pour placer les ruines de cette grande ville , dont il
est resté à peine quelques foibles vestiges capables
d'indiquer la place où elle étoit. Il ne s'agit , après
cela , que de lever quelques objections qui se présentent d'elles-mêmes.

Objection
contre cette
réponse.

On dira d'abord qu'il n'est pas concevable qu'A-
lexandre, guerrier si généreux, ait pu se porter à
détruire une ville aussi superbe que Memphis pour
en construire une en son nom. Ce n'est pas non plus
ce que je prétends. Je ne veux pas charger davantage
la mémoire d'Alexandre que celle des papes, qui
n'ont point fait difficulté de permettre de détruire
une partie des antiquités de Rome afin d'en construire des palais superbes pour leurs familles.

Réplique à
cette objec-
tion.

Memphis , ajoutera-t-on sans doute, subsistoit encore du temps d'Alexandre et sous les Ptolomées.
J'en tombe d'accord. Mais de quelle façon subsistoit-
elle? A-peu-près comme l'ancienne Alexandrie subsiste
de nos jours , ou tout au plus comme elle subsistoit
du temps des Sarrasins. Est-il à croire effectivement
que les Perses aient fait plus de grace à Memphis
qu'aux autres villes de l'Egypte? ceux qui extermi-
noient les dieux auroient-ils épargné les temples?
Lorsqu'Alexandre entra dans l'Egypte , l'éclat de la
religion n'étoit-il pas éclipsé dans Memphis? les principaux prêtres s'étoient retirés dans les déserts , et
Cambyse avoit emporté les idoles. Jugeons par-là de
l'état où se trouvoient des temples, qu'on ne fréquen-

toit plus, qui étoient en horreur aux Perses, et qu'ils employoient aux plus vils usages. Dans ce cas, Alexandre et ses successeurs ont bien pu y toucher sans devenir sacrileges et sans s'attirer la haine des peuples, qui devoient même voir avec plaisir que les matériaux de leurs temples ruinés fussent employés à des édifices où devoit se rétablir le culte de leurs anciens dieux.

Cette grande objection ainsi levée, il ne s'agit plus que d'examiner comment on a pu transporter cette quantité immense de matériaux. Mais le Nil et le canal de Cléopatre n'offroient-ils pas des passages bien faciles? Le canal, dira-t-on, y étoit-il déja? Il n'y a point de doute à cela. On ne pouvoit pas faire le projet de bâtir une ville dans un tel quartier sans penser d'abord au canal. L'endroit étoit dépourvu d'eau douce, et il n'y avoit pas de moyen de lui en procurer qu'en la tirant du Nil au-dessus de Rosette, où le canal commence; car l'eau de ce fleuve, mêlée à son embouchure avec l'eau de la mer, n'est pas potable, et, pour l'aller chercher par mer il auroit fallu au moins deux journées, l'une pour l'aller, l'autre pour le retour. D'ailleurs il n'y avoit pas moyen de se servir de grands bâtiments plats, capables de contenir beaucoup d'eau, parcequ'ils n'auroient pas été propres à passer la mer; et, d'un autre côté, de moindres bâtiments qui auroient tiré plus d'eau n'auroient pas trouvé assez de fond à l'embouchure du Nil. Il y avoit donc une nécessité absolue de commencer par

Origine du Calisch, ou canal de Cléopatre.

le canal ; et ce canal devoit être navigable : car si on avoit eu simplement en vue de fournir la ville d'eau, on se seroit contenté de faire un aqueduc de maçonnerie ; mais on creusa un canal, et à ce canal commença l'aqueduc qui portoit l'eau à la ville, tandis que le canal lui-même prenoit sa route vers la mer, où il se jetoit au voisinage d'Alexandrie. Le nom de Cléopatre, qu'il conserve encore aujourd'hui, n'est pas une raison pour nous fixer par rapport au temps où il a été premièrement creusé. Une réparation faite par une reine aussi célebre, quelques divertissements qu'elle y aura pris, ou une fête qu'elle y aura donnée, peuvent aisément avoir occasionné ce nom. Du reste, la nécessité d'un canal étant constante, c'est pour moi un guide assuré ; et je m'y tiens, sans m'embarrasser de chercher d'autres raisons que celles qui viennent d'être alléguées.

Quelque certaine pourtant que paroisse cette preuve, il ne laisse pas de se présenter encore une difficulté capable de déranger tout notre systême, si on ne trouvoit pas moyen de la lever. Pourquoi, dira-t-on, si les ruines de Memphis ont servi à la construction de la premiere Alexandrie, ne trouve-t-on sur l'obélisque et sur les pierres qui forment le fondement de la colonne de Pompée, aucune des figures dont chaque colonne et chaque carreau de marbre apporté de Memphis doivent avoir été couverts ou ornés? On voit bien que je veux parler des hiéroglyphes ; car il est certain qu'à l'exception de ceux de l'obélisque et du fondement de la colonne de Pompée, on n'en apperçoit point à Alexandrie. Quelques morceaux de granit cassés et tirés des fondements de quelque édifice ancien ne font rien à l'affaire : il est sûr que les débris qui se trouvent dans la mer devant l'obélisque, et que j'ai jugés avoir appartenu au palais de Cléopatre, n'ont aucun hiéroglyphe : les fûts et les carreaux de marbre employés dans les boulevards n'en ont pas non plus. Il convient donc de chercher le moyen d'accorder cette contradiction, et d'en donner une bonne raison, afin de rendre notre preuve acceptable; c'est ce que je vais tâcher d'exécuter.

Dans le temps d'Alexandre et sous ses successeurs, le goût de l'architecture égyptienne n'étoit plus en regne. La Grece, quoiqu'elle eût tiré de l'Egypte les premiers principes de cet art, y avoit substitué une architecture bien plus légere, et ornée d'une tout autre façon. Les Grecs, n'ayant pas les immenses richesses des Egyptiens, ni comme eux l'abondance des matériaux, ni la multitude des ouvriers, renoncerent à cette architecture solide. Ils l'envisagerent même dans la suite comme défectueuse et ne produisant que des masses lourdes et sans goût. Ils fixerent des regles pour les différents ordres d'architecture, et ils les porterent si loin, qu'ils allerent jusqu'à se croire les premiers inventeurs de cet art.

Alexandre, imbu dans sa jeunesse des principes de sa patrie, n'avoit garde d'adopter ceux d'un royaume qu'il avoit subjugué; et d'ailleurs il lui eût été peu honorable d'y élever des bâtiments qui se seroient trouvés inférieurs aux moindres de ceux qui s'étoient conservés dans le pays. On conviendra donc aisément que tous les temples et tous les palais que ce prince ou ses successeurs éleverent furent construits dans le goût et suivant les regles de la Grece. Les matériaux qu'il tira des ruines de Memphis n'y pouvoient pas être employés, à moins qu'on ne les façonnât de nouveau selon l'ordre de cette architecture. Cet ordre étoit extrêmement léger en comparaison de l'autre; ainsi il y avoit beaucoup à ôter. On ne respecta point les hiéroglyphes, dont on n'avoit plus l'intelligence. Les Grecs les regardoient même avec envie, parcequ'ils contenoient les mysteres de la religion et des arts, dont ils prétendoient être seuls les inventeurs. Ne soyons donc point surpris si on ne trouve point d'hiéroglyphes sur les marbres qu'on tire des ruines d'Alexandrie; il ne doit pas y en avoir. Si les regles de la nouvelle architecture ne les avoient pas fait ôter, on les auroit effacés pour qu'ils ne parussent pas dans des édifices, avec lesquels ils n'avoient aucune connexion. Quelle indécence, par exemple, n'y auroit-il pas eu à employer une colonne couverte d'hiéroglyphes avec une colonne d'ordre corinthien!

Nous ne devons proprement regarder les ruines de Memphis que comme une carriere brute d'où on tiroit les pierres pour les tailler d'une maniere convenable. Il eût même été impossible de rassembler toutes les pieces de façon qu'elles pussent servir à des édifices

pareils à ceux où elles avoient été employées. Dès
qu'on suppose que ces édifices étoient en ruines, on
n'y doit rien chercher d'entier; et il y auroit eu la
même impossibilité à rétablir ce qui y manquoit. Des
raisons d'ambition et de jalousie, comme nous l'avons
vu, s'y opposoient; et on ne sauroit ignorer l'empê-
chement qu'une cause naturelle y apportoit, puisque,
du temps d'Alexandrie, on étoit déja aussi ignorant
dans l'intelligence des hiéroglyphes que nous le
sommes présentement.

Je pourrois m'étendre davantage sur cette matiere;
mais je me persuade que les raisons que je viens de
donner sont convaincantes. Je me contente donc simplement de remarquer que les morceaux de marbre
couverts d'hiéroglyphes qui se trouvent au fondement
de la colonne de Pompée prouvent qu'on en a effectivement apporté, et qu'on n'a pas voulu s'en servir
sans les changer, si ce n'est quand on les mettoit dans
des endroits où on les croyoit pour toujours cachés
aux yeux des hommes.

Il ne reste plus qu'un point à examiner. Qu'est de-
venue, dira-t-on, cette grande quantité de ruines que
doit avoir causées la destruction générale d'une aussi
grande ville qu'Alexandrie? Je réponds que je leur ai,
autant qu'il m'a été possible, assigné des places convenables dans Alexandrie même, où elles doivent
être profondément ensevelies sous la terre. Qu'on se
représente combien l'ancien pavé de Rome a été
haussé à l'occasion du saccagement et de la ruine de

cette ancienne capitale du monde, et on se persuadera
aisément qu'il en est arrivé de même à Alexandrie.
De plus, n'est-il pas constant que de tout temps on a
transporté en Europe beaucoup de ces débris? On en
use de même tous les jours; et, dans le temps que j'y
étois, j'ai vu charger dans des vaisseaux françois de
grosses pieces de colonnes et d'autres restes d'antiquités. A la vérité on n'enleve de cette maniere que
peu de chose à la fois; mais à succession de temps
cela forme une somme. Si Alexandrie se trouvoit sous
un gouvernement moins défiant et moins difficul-
tueux, on pourroit examiner les choses de plus près,
et donner des raisons peut-être plus évidentes : faute
de cela le lecteur doit se contenter du peu d'observations qu'il est possible de faire dans un tel pays.

Je me rappelle ici une chose que je ne dois point
passer sous silence, quand ce ne seroit que pour faire
connoître que j'y ai fait attention. Cette grande et
superbe colonne que l'on voit hors de la porte de
Rosette est nommée la colonne de Pompée; mais personne, je crois, ne nous sauroit dire d'où dérive
cette dénomination. On n'ignore point que César
pleura la mort de ce grand capitaine; mais qui nous
dira qu'il lui ait érigé ce magnifique monument? Le
silence des anciens auteurs sur ce point est étonnant.
Je ne m'engage pas non plus à en donner l'histoire,
il faudroit être devin : je remarquerai seulement que
comme cette colonne est de l'ordre corinthien, cela
semble fixer son érection au temps des Ptolomées.

Je dis son érection, et non sa fabrication, car je la
crois égyptienne d'origine, et changée ensuite dans
la forme qu'on lui voit aujourd'hui. Une inscription
qu'on découvre avec peine sur un des côtés du piédestal pourroit sans doute donner quelques lumieres
là-dessus ; mais le temps l'a si peu ménagée qu'elle
n'est guere déchiffrable. Un voyageur qui l'a observée
une vingtaine d'années avant moi prétend avoir pu
distinguer qu'elle étoit écrite en caracteres grecs. Je
m'en rapporte. Je sais seulement que les traditions que
les Arabes nous en ont transmises sont si fabuleuses,
qu'il vaut mieux les mettre avec les contes de Roland
et de son cheval que de les rapporter parmi des observations et des remarques sérieuses.

Ce que j'avois à dire sur l'ancienne Alexandrie
finiroit ici : mais je prévois que quelqu'un me deman-
dera des nouvelles du tombeau d'Alexandre, du Serapeum, du Museum, etc., et que d'autres iront peut-
être jusqu'à vouloir que je donne un plan des quartiers de cette ancienne ville.

Pour répondre aux premiers, je dirai que je me suis
informé avec soin de ces anciens édifices, et que j'ai
fait bien des recherches afin de tâcher au moins de
connoître les places où ils ont été élevés. Tous mes
soins ont été inutiles : de sorte que si j'ai placé, au
commencement de cet ouvrage, le Muséum dans
l'endroit où est aujourd'hui le petit Pharillon, j'y ai
été déterminé par ce qu'ont dit les soixante-dix inter-
pretes. Si cependant on jugeoit plus convenable de

l'approcher du palais et de le mettre entre cet édifice et le petit Pharillon, rien n'en empêche. Je conseillerois pourtant de se tenir au bord de la mer, c'est à dire près du port, sans y entrer, et sans faire tant que d'y placer des quartiers entiers, comme s'est avisé de le faire l'auteur des Remarques sur les Commentaires de César, imprimées en Angleterre. Il a suivi les dessins de Palladio, qui avoit usé de la liberté des peintres; liberté peu excusable en lui, mais qui devient un crime dans un auteur sérieux qui fait commentaire sur commentaire pour nourrir de fausses idées l'esprit de ses lecteurs. Quiconque a été sur les lieux et en a vu la situation ne peut s'empêcher de remarquer la fausseté d'un tel plan, fait dans le dessein d'éclaircir ce qu'a dit César, et qui n'est propre au contraire qu'à jeter dans l'erreur ceux qui le prendront pour guide. Ceci soit dit néanmoins sans prétendre toucher au reste de l'ouvrage, qui peut avoir son mérite. Je n'ai absolument prétendu parler que du plan d'Alexandrie.

Le tombeau d'Alexandre, qui, au rapport d'un auteur du quinzieme siecle, subsistoit encore alors, et étoit respecté des Sarrasins, ne se voit plus; la tradition même du peuple en est entièrement perdue. J'ai cherché sans succès ce tombeau; je m'en suis informé inutilement. Une pareille découverte est peutêtre réservée à quelque autre voyageur.

Il en est de même du Serapeum : ses ruines peuvent reposer sous quelqu'une des buttes dont j'ai fait mention; mais je n'ai rien apperçu de ce qui a pu appartenir à ce temple superbe.

Pour ce qui concerne le plan des quartiers de l'ancienne ville, c'étoit une tâche qui passoit ma portée. Il n'y a pas assez de ruines sur pied pour assigner à chaque quartier sa véritable place : j'ai été obligé de me borner à marquer la situation des ports, et de laisser à un chacun la liberté de travailler au plan des quartiers suivant les descriptions que les anciens nous en ont données. Si ma relation et mes dessins leur peuvent être de quelque secours, j'en serai charmé; sinon je me contente d'avoir satisfait aux devoirs d'un voyageur qui voit et qui n'écrit que ce qu'il a vu. Si j'ai tant fait que d'avancer mon sentiment sur certaines choses, je ne m'y suis pas pris d'une maniere si entiere que je n'aie laissé à un chacun la liberté de penser à sa façon. Si j'ai omis quelques particularités qui ont échappé à mes recherches, tant mieux pour ceux qui viendront après moi, ils en pourront enrichir leurs relations; et, s'il m'est arrivé de redire ce qu'on savoit déja, on ne doit pas me savoir mauvais gré d'avoir attesté des faits par un nouveau témoignage.

VOYAGE

D'EGYPTE ET DE NUBIE.

<hr>

SECONDE PARTIE.

<hr>

NOUVELLE ALEXANDRIE.

On peut dire avec raison que dans la nouvelle ville
d'Alexandrie on rencontre un pauvre orphelin à qui
il n'est échu pour tout héritage que le nom respectable de son pere. La vaste étendue de l'ancienne
ville est bornée dans la nouvelle à une petite langue
de terre entre les deux ports ; les plus superbes temples sont changés en des mosquées assez simples ;
les plus magnifiques palais en des maisons d'une mauvaise construction ; le siege royal est devenu une
prison d'esclaves ; un peuple opulent et nombreux
a cédé la place à un petit nombre d'étrangers intéressés, et à une troupe de misérables qui sont les
valets de ceux dont ils dépendent ; une place autre-

fois si célebre par l'étendue de son commerce n'est
plus qu'un simple lieu d'embarquement; enfin ce n'est
pas un phénix qui renaît de ses cendres, c'est tout
au plus une vermine sortie de la boue ou de la poussiere dont l'alcoran a infecté tout le pays.

Voilà en gros le portrait de l'Alexandrie de nos jours.
Elle ne mérite guere qu'on en donne une description
dans les formes. Un voyageur ne sauroit pourtant se
dispenser de cette tâche par rapport à lui-même. C'est
le premier endroit où il débarque. Il y doit commencer à se faire aux usages et aux coutumes du pays ;
y apprendre à supporter les mépris d'un peuple gros-
sier et peu affable envers les étrangers; s'y faire une
idée des incommodités et désagréments qu'il s'y peut
promettre en allant plus loin, et en un mot faire comme
le noviciat de son voyage en Egypte. Il convient donc
qu'il soit instruit de ce que l'expérience a appris à ceux
qui l'ont précédé.

On connoît assez le port et la maniere dont on y
entre : je l'ai dit au commencement de cette description. En arrivant à la ville on aborde à la douane, où
le voyageur paie quelque bagatelle pour ses hardes.
On les visitera peut-être; mais il n'y a rien à appré-
hender. On ne connoît point à Alexandrie de contre-
bande pour un voyageur : le marchand à qui il est
adressé fait ordinairement son affaire de cela comme
de lui fournir le logement et la nourriture.

Toutes les marchandises qui entrent dans l'Egypte
par ce port y paient un droit suivant la taxe que le

grand-seigneur a imposée à ses sujets, ou bien suivant les conventions qu'il a faites avec les puissances
de l'Europe dont les sujets trafiquent à Alexandrie,
où, pour le bon ordre, elles entretiennent des consuls.
Les marchands dont les souverains ne sont point en
alliance avec la Porte paient sur le même pied que ses
propres sujets. Le bacha du Caire met, de deux ans
en deux ans, cette douane en ferme au profit du
grand-seigneur : il l'adjuge au plus offrant, pourvu
qu'il donne bonne et suffisante caution. Elle échet
ordinairement aux Juifs, parcequ'ils savent prendre
les devants chez le bacha soit par des présents soit
par des intrigues. Ils ne sont pas sujets à avoir beaucoup de compétiteurs. Le marchand turc n'y prétend
pas, pour ne point paroître trop riche, et pour ne
pas courir les risques qui s'ensuivroient. Les chrétiens
non plus ne s'en veulent pas mêler, parcequ'ils savent
d'avance que les avanies qu'on leur feroit absorbe-
roient bientôt tout le profit de la ferme. Ce ne sont
donc que les Juifs qui y aspirent ; et ils ont assez de
jalousie entre eux pour enchérir les uns sur les autres,
et faire ainsi monter le prix de la ferme.

On s'imaginera sans doute que les Européens
doivent faire de grands profits, puisque, selon leurs
traités, ils paient toujours tant pour cent moins que
ceux qui sont assujettis à la taxe du grand-seigneur,
parmi lesquels sont compris les Juifs étrangers et ceux
du pays, ainsi que les nations qui n'ont point de consul : mais on se désabusera bientôt quand on saura

qu'ils ne peuvent jamais vendre à si bon marché que les Turcs et les Juifs établis à Alexandrie, et qui ont assez de force pour soutenir un grand commerce.

Voici de quelle maniere ces derniers s'y prennent :

Dès que la douane est affermée, ils conviennent avec le douanier de lui payer tant pour cent des marchandises qu'ils feront venir durant tout le temps de sa ferme. Par-là ils sont mis d'abord au niveau des Francs, et quelquefois ils donnent encore moins. En effet le douanier sait d'avance que s'il n'en agit pas de la sorte avec eux ils ne feront venir que peu de chose pendant les deux années de sa ferme. Si au contraire il leur fait une bonne composition, il auront soin de pourvoir leurs magasins non seulement pour le temps présent, mais encore pour l'avenir. On sent bien qu'un chacun ne peut pas agir de la sorte, puisqu'il faut qu'un douanier entrevoie un grand commerce pour faire un pareil accord, et qu'un homme qui n'est pas riche ne peut pas faire venir beaucoup de marchandises. Il est par cette raison exclus de ce privilege; et comme il ne veut pas vendre au prix courant et que personne ne veut lui donner davantage, il demeure dans l'inaction, se ruine, et reste toujours pauvre. Le contraire arrive aux autres; ils deviennent riches de plus en plus, et parviennent à la fin à établir une espece de monopole.

Il peut y avoir à Alexandrie une douzaine de ces marchands juifs aisés. Les autres ne commercent que sous eux, et vendent en détail ce que les riches font venir en gros. Ces derniers se rendent par ce moyen puissants dans leur nation, et la gouvernent presque en souverains. Celui qui refuse de leur obéir n'a plus de part dans le négoce, et par conséquent devient dans peu misérable. Son exemple oblige de se soumettre à tout ce que les riches décident : leurs sentences sont comme celles du juge, à qui les Juifs n'ont guere recours, puisque, dans tous leurs besoins, ils sont dans une espece de nécessité de s'adresser aux richards de leur nation, et de s'en tenir à ce qu'ils prononcent.

Insensiblement la douane nous a mis sur le chapitre des Juifs : ainsi je joindrai ici par occasion quelques autres remarques qui les concernent. Les plus considérables d'entre eux sont presque tous étrangers, et originaires de Constantinople, de Portugal, ou de Livourne. Il ne faut pas s'imaginer pourtant que ceux d'Alexandrie soient les chefs des familles : ils résident ordinairement à Livourne, et étendent de là leurs branches à Alexandrie, au Caire, à Alep, à Constantinople, à Tunis, à Tripoli, et pour ainsi dire dans toutes les villes commerçantes de la Méditerranée, sur-tout dans le Levant. Ils n'ont ni privilege particulier ni protection déclarée; mais ils savent s'en procurer par leurs intrigues. Ils s'attachent toujours aux plus forts, c'est-à-dire aux chefs du gouvernement, qui demeurent au Caire. Il leur en coûte à la vérité quelque chose : mais ils s'en dédommagent d'ailleurs : car ils mettent si bien cette protection à profit, qu'ils emportent communément le prix dans les occasions où il y a quelque chose à gagner. Cela leur donne encore du relief parmi les Turcs, et les garantit des avanies et des insultes à quoi d'autres nations plus privilégiées que la leur sont souvent exposées. Deux faits que je vais rapporter pourroient faire croire qu'on n'a pas grand égard pour les Juifs à Alexandrie. Un douanier y fut tué il y a peu de temps, et une maison fut brûlée par la populace, qui y fit périr tous ceux qui étoient dedans : mais ces accidents peuvent arriver ici à tout le monde en pareil cas. Le douanier fut tué par un janissaire à qui il refusoit de diminuer la taxe de la douane; et la maison fut brûlée dans une émeute populaire, parcequ'on ne vouloit pas rendre un homme qui s'y étoit retiré après avoir blessé ou battu un Turc. Il n'y eut point de satisfaction; ce n'est pas la mode ici. Le coupable prend la fuite : on se contente ordinairement de cela, parcequ'on a pour principe qu'*une chose faite n'est point à redresser*. Cependant depuis le meurtre du douanier il y a toujours une garde à la douane.

Puisque j'ai tant fait que de parler d'une nation, il est naturel de faire connoître les autres; et, pour rentrer en quelque maniere dans l'ordre, je donnerai le premier rang aux Turcs, comme à ceux qui ont en main les rênes du gouvernement. Ils tiennent des garnisons dans les deux Pharillons, et ils en ont encore une dans la ville même : elle consiste dans un petit nombre de janissaires et d'asappes. Le gouverneur

qui les commande est un aga, et fait sa résidence dans
un des anciens boulevards. Il y a aussi un cadi qui juge
dans les causes civiles. Les autres Turcs qui habitent
à Alexandrie sont pour la plupart des artisans ou des
gens qui tiennent boutique. Il n'y a parmi eux qu'un
fort petit nombre de marchands. Ceux-ci sont communément à leur aise, quoiqu'ils ne le fassent pas
trop paroître, comme je l'ai déja remarqué plus haut.

Les chrétiens coptes, grecs et arméniens, qui sont
du pays même, se trouvent en assez grand nombre à
Alexandrie. Ils n'y font pas néanmoins grande figure :
ils s'entretiennent à-peu-près sur le même pied que les
Turcs, avec cette différence qu'ils sont généralement
méprisés. Cependant parmi les Grecs et les Arméniens
il se rencontre quelques marchands étrangers qui font
assez bien leurs affaires. Le patriarche copte occupe
dans cette ville la chaire de S. Marc, quoiqu'il réside
ordinairement au Caire. Il se dit successeur de ce
saint apôtre et évangéliste ; et dans cette qualité il
prétend marcher de pair avec le pape. S'il étoit en
même temps souverain temporel comme celui-ci, il
ne manqueroit pas sans doute de faire bien valoir
sa prétention ; mais, vivant dans l'esclavage comme
le reste de sa nation, sa puissance est bornée à gouverner la mauvaise conscience de son troupeau.

J'espere que MM. les Européens ne prendront pas en
mauvaise part si je les nomme les derniers : mon intention a été bonne ; je ne les ai pas voulu confondre avec
les autres habitants d'Alexandrie. En tout cas, comme

ils y sont étrangers, il n'étoit pas naturel de leur assigner le premier rang. Il est bon d'avertir que tout Européen passe ici sous le nom de Franc. Ceux qui y demeurent sont les François et les Anglois. Les premiers se flattent de se faire mieux respecter; mais les derniers font peut-être un meilleur commerce.

Les François tiennent ici un consul dépendant de celui du grand Caire. La cour de France donne ordinairement son plein pouvoir à son ambassadeur à Constantinople, et c'est lui qui pourvoit aux charges vacantes. Ce consul a pour assistants un chancelier et un drogman, chacun avec commission de la cour tout comme lui. Il gouverne ordinairement sa maison. Le chancelier a soin de la correspondance et juge les différends entre les marchands et les capitaines ou maîtres qui conduisent ici des vaisseaux de la nation; et le drogman se mêle des affaires qui concernent les intérêts des François avec les Turcs.

Suivant les traités convenus entre les deux cours, les privileges des François sont assez considérables; mais leur force est trop petite à Alexandrie pour y pouvoir soutenir ces avantages. Ils n'y ont qu'une douzaine de marchands, dont un seul, Italien de nation, fait le commerce pour son propre compte : les autres sont seulement les facteurs de divers marchands du Caire, à qui ils ont soin d'envoyer les marchandises qu'on débarque ici.

J'ai déja donné une idée de la maniere dont on s'y prend pour diminuer leurs privileges par rapport aux droits de la douane : le fait que je vais rapporter fera connoître comment ils se soutiennent dans ces mêmes privileges. J'ai été témoin de l'affaire dans le temps que j'étois à Alexandrie pour me rembarquer afin de passer en Europe.

Depuis quelques années, certaines femmes grecques d'assez mauvaise vie avoient tenu une espece de cabaret où les matelots françois alloient boire quand ils venoient à la ville. Les désordres qui s'y commettoient avoient engagé le consul à faire son possible pour détruire ce cabaret : mais ces femmes s'étoient si bien précautionnées que tous ses efforts avoient été inutiles. Elles avoient choisi pour protecteur un janissaire, l'un de ces braves qui dans l'occasion ne manquent jamais d'amis parmi leurs camarades.

Dans le commencement ce drôle se contentoit de faire le maître dans le cabaret, châtioit les matelots françois quand ils faisoient du bruit : mais lorsque le consul de la nation fit défense qu'aucun François ne hantât ce cabaret, ce janissaire se déclara l'ennemi de tous ceux de cette nation. Il ne s'en tint pas aux paroles et aux menaces, il insultoit dans toutes les occasions tous ceux qu'il rencontroit. Le gouvernement d'Alexandrie refusoit de châtier ce janissaire, soit parcequ'il le craignoit, soit parcequ'il ne vouloit pas donner satisfaction aux François sans être bien payé. Cependant le janissaire devenoit de jour en jour si insupportable qu'aucun François ne pouvoit sortir de sa maison sans s'exposer à une mauvaise rencontre avec lui. Leur sureté y souffroit

trop et leur ambition encore plus. Il fallut donc
s'adresser au gouvernement du Caire ; et on y obtint
par la voie ordinaire qu'un chiaous ou une *tête-noire*
de la porte des janissaires seroit envoyé à Alexandrie
avec plein pouvoir pour connoître de cette affaire et
pour prendre les mesures convenables à la sureté des
François. Ceux-ci eurent soin de se rendre leur juge
favorable, et convinrent avec lui de la maniere dont
on s'y prendroit pour se saisir du janissaire, qui, informé du péril qui le menaçoit, se mit, le jour qui
précéda l'arrivée du chiaous, sous la protection des
asappes , espérant par-là esquiver le coup.

Enfin le chiaous, étant arrivé à Alexandrie, se déclara, suivant ses ordres, souverain juge pour le temps
de sa commission. Le jour qu'il voulut prendre connoissance de l'affaire tous les François furent avertis de
se tenir chez eux, et la porte de l'hôtel du consul fut
gardée par les janissaires que la nation entretient. Il
n'y eut que le drogman qui parut.

Ce jour-là, de grand matin, le chiaous fit enlever
d'autorité toutes les femmes grecques du cabaret, et
on les embarqua sur un vaisseau françois, qui aussitôt
mit à la voile pour l'isle de Chypre , où il avoit ordre
de les mettre à terre. Le janissaire ne se montra point
dans cette occasion ; mais il ne s'éloigna pas non plus,
parcequ'il croyoit que la protection qu'il avoit prise
chez les asappes le mettroit suffisamment en sureté.

Dès que le chiaous eut reçu la nouvelle du départ
des femmes grecques, il tint un grand divan, où

il manda le janissaire et ses complices. Ils s'y rendirent sans témoigner la moindre crainte, et suivis de toute la populace, curieuse de voir l'issue de cette affaire. Le sious (tchaouch) les reçut fort civilement : il les fit asseoir à ses côtés, et s'entretint d'abord avec eux de choses fort indifférentes. Le discours tomba enfin sur la démarche qu'ils avoient faite de changer de porte, en laissant celle des janissaires pour entrer dans celle des assafs (assappes); et ils ne furent pas plutôt convenus du fait, que le sious (tchaouch) lui-même se saisit du janissaire coupable, tandis que ses gens en faisoient autant à l'égard des autres : en même temps on leur ôta les armes qu'ils portoient cachées sous leurs habits, on les chargea de chaînes, et dans cet état on les embarqua sur une *vergue* qui mit aussitôt à la voile.

Cette procédure violente fit soulever dans le moment la populace et tous ceux qui appartenoient à la porte des assafs (assappes). Le sious (tchaouch), s'en étant apperçu, se rendit sur un balcon; et, après avoir ordonné de faire silence, il fit à haute voix la lecture de deux pleins pouvoirs dont il étoit muni. Comme l'un de ces pleins pouvoirs avoit été expédié par la porte des assafs (assappes) et que personne n'y pouvoit trouver à redire, un chacun se retira. Le sious (tchaouch), informé par les François que le janissaire alloit entrer dans cette porte, avoit eu la précaution d'en prendre des ordres. Le janissaire, qui l'ignoroit, donna ainsi tête baissée dans le filet; car, s'il en eût eu le moindre vent,

il n'auroit eu qu'à se mettre à l'écart pour quelque
temps; il seroit retourné après le départ du sious
(tchaouch), et le procès auroit été terminé.

Les François avoient eu soin de ne point paroître
prendre part à cette affaire; il n'étoit pas non plus fait
mention d'eux dans les pleins pouvoirs : malgré cela
on les regardoit comme les agresseurs; et les femmes
de ces misérables qu'on avoit embarqués, s'imagi-
nant qu'on alloit les noyer hors du port, coururent par
la ville comme des forcenées, assemblerent leurs amis,
et marcherent droit vers l'hôtel du consul, vomissant
des malédictions et des imprécations contre les François. En vain les janissaires qu'on avoit appelés voulurent arrêter cette canaille en furie; une grêle de
pierres les obligea de se mettre à l'abri de la maison
du consul. Les mutins en devinrent plus insolents;
ils casserent les vitres, et se préparoient à abattre la
maison, lorsque les janissaires reçurent un renfort de
quelques uns de leurs gens que leur envoya le consul
d'Angleterre, et d'un certain nombre d'autres janissaires que le sious (tchaouch) fit marcher à leur secours.
L'affaire changea alors de face : les janissaires jouerent
si bien du bâton, que les pleureuses et les mutins pri-
rent la fuite. Ils coururent pourtant dans les rues jusqu'au soir, et firent tout ce qu'ils purent pour animer la
populace et pour la porter à la vengeance. Mais ce tu-
multe s'appaisa tout d'un coup dès qu'on fut informé que
les prisonniers étoient envoyés au château de Beaukier,
d'où ils partiroient pour aller en exil. On jugea qu'ils
méritoient ce châtiment, et on ne s'en inquiéta plus.

Il n'y eut que la nation françoise qui parut un peu
intriguée de la douceur de cette punition. Elle s'étoit
imaginé qu'ils seroient du moins étranglés, afin
qu'un exemple de sévérité servît à prévenir de
pareilles insultes; au lieu qu'un simple exil faisoit
craindre qu'il ne se trouvât toujours quelque insolent
capable de faire du chagrin à une nation entiere. Ce
qui faisoit encore plus de peine, c'étoit l'incertitude de
la durée de cet exil : on appréhendoit de voir revenir
ces séditieux au bout de quelque temps, et d'être
exposé à de plus grandes insolences de leur part. Du
reste, cette affaire coûta beaucoup aux François.
Nous verrons dans la suite d'où se tire une semblable
dépense, et quel préjudice de telles levées font à leur
commerce. En attendant je vais dire encore quelque
chose de leur consul et de celui des Anglois.

J'ai trouvé que le consul françois s'attribuoit sur
sa nation un pouvoir qui peut être toléré. Le chancelier et le drogman qu'il avoit de mon temps enten-
doient leur métier, et cela faisoit que chacun étoit
content. Il est d'usage parmi les François d'Alexandrie
de témoigner un respect extrême pour leur consul :
afin même de le faire d'autant plus valoir dans l'esprit
des Turcs et des autres nations, ils s'attachent à donner
une haute idée de sa personne, et à illustrer tellement
sa naissance, qu'il ne dépend pas d'eux qu'on ne le
regarde comme sorti du sang royal. S'il fait par hasard
un tour à Rossette, il porte pavillon blanc au mât de
sa vergue; et quand il sort du port de même que

quand il rentre il est salué d'une décharge générale
du canon des vaisseaux françois.

Il demeure, avec la plus grande partie de sa nation,
dans un vaste hôtel où il a une église et un chape-
lain. Les autres François habitent dans des maisons
séparées. Il ne fait point de négoce, du moins à ce
qu'il paroît; et il ne sort que très rarement, pour ne
pas exposer sa personne et son caractere. Les airs
qu'il se donne parmi les siens ne lui permettent pas
de trop converser avec eux : ainsi il paie sa grandeur
par une vie assez ennuyante pour un homme qui aime-
roit la société.

Je quitte pour un moment MM. les François, car je
reviendrai à eux en parlant du commerce. Voyons,
en attendant, comment agissent les Anglois. Il s'en
faut de beaucoup qu'il y ait autant de choses à dire
d'eux que des premiers. Ils n'ont à Alexandrie que
deux marchands, dont l'un est le consul, qui dépend
de celui du Caire. Ils se tiennent tranquilles et se conduisent sans faire beaucoup de bruit. S'il s'agit d'entreprendre quelque affaire délicate, ils se mettent à l'écart,
et laissent aux François l'honneur d'applanir les difficultés. Quand il en résulte du bénéfice, ils y ont leur
part; et, si les affaires tournent mal, ils se garantissent
du mieux qu'ils peuvent. Voilà tout ce qu'on peut
dire des nations établies à Alexandrie. Il n'y en a
pas d'autres que celles que j'ai nommées. Les François protegent pourtant un Italien et quelques Grecs
qui passent pour être des leurs. Je vais finir présen-

tement ce qui me reste à dire du commerce de cette
nation.

Celui des François est assez considérable à Alexandrie. Ils reçoivent chaque année plusieurs vaisseaux,
sur lesquels ils chargent les marchandises qui leur
viennent du Caire. Les vaisseaux dont ils se servent
pour ce commerce sont des polaques, des barques
et des tartanes. Il y vient peu d'autres vaisseaux,
parceque tout bâtiment qui ne porte pas beaupré paie
moins pour l'entretien des ports, etc. On les nomme
des caravaniers, par la raison que, comme les cara-
vanes, ils vont d'endroit en endroit pour s'y charger
le mieux qu'ils peuvent. Ce seroit ici le lieu de parler
des diverses sortes de marchandises que la nation
françoise porte à Alexandrie, et de celles qu'elle
retire de l'Egypte ; mais, à dire le vrai, je n'ai pas
cette matiere assez présente à l'esprit pour la détailler
comme il faut, et il vaut mieux n'en rien dire que
d'en parler imparfaitement. J'aime donc mieux toucher la question que j'ai promis d'expliquer ; savoir,
pourquoi les François se trouvent obligés de hausser
le prix de leurs marchandises.

Il n'en faut point chercher la cause ailleurs que
dans les faux-frais auxquels la nation est exposée :
car, outre que tous les vaisseaux paient un assez grand
droit de consulat, ils sont encore tenus de payer
une certaine taxe qu'on impose ou sur les bâtiments ou sur les marchandises. Cette taxe est destinée à subvenir aux dépenses qu'exige la sureté com-

mune, et à dédommager les divers particuliers qui ont souffert quelques avanies de la part des Turcs. C'est le consul qui hausse ou baisse cette taxe suivant que les circonstances le demandent. Je ne crois pas néanmoins qu'il soit absolument le maître d'en ordonner comme il lui plaît. Tout cela dépend sans doute de l'ambassadeur de France à Constantinople, qui doit approuver les représentations des consuls d'Alexandrie et du Caire avant qu'ils puissent passer outre. Cependant, quelle que soit l'autorité en vertu de laquelle on leve ces droits, on peut dire qu'ils sont fort à charge à la nation, qui véritablement perd par-là beaucoup plus qu'on ne sauroit se l'imaginer.

Les Anglois ne connoissent point de contributions semblables : ils ont le droit du consulat à payer, et voilà tout. De plus, cette grande subordination que les François sont obligés d'avoir pour leur consul n'est point en usage parmi les Anglois : ils agissent plus rondement les uns avec les autres ; et il n'y a de respect qu'autant que la bienséance ou quelque intérêt particulier le peut exiger. Il arrive tous les ans un bon nombre de vaisseaux anglois à Alexandrie ; mais ils ne sont pas toujours chargés pour le compte de cette nation. Les Juifs et même les Turcs en fretent souvent, et ils y font bien leurs affaires.

Les Vénitiens et les Hollandois ont eu autrefois des établissements et des consuls à Alexandrie ; mais de grandes banqueroutes, faites par les consuls mêmes, ont ruiné entièrement ce commerce. Les Turcs, qui

n'entendent pas raillerie quand il s'agit de leurs intérêts, ne veulent plus admettre aucun consul de ces
deux nations avant qu'elles les aient dédommagés des
torts qu'ils ont soufferts de la part des consuls précé-
dents. Comme les sommes dont il s'agit sont grandes,
et que les uns ni les autres n'entrevoient point l'espérance d'un profit considérable, ils n'ont point depuis
travaillé sérieusement au rétablissement de cette bran-
che de leur commerce. Peut-être aussi ne veulent-ils
pas l'entreprendre à cause des conséquences qui
en pourroient naître si toute une nation faisoit son
affaire de la dette d'un particulier. Le peu de vaisseaux que les Vénitiens ou les Hollandois envoient à
Alexandrie sont, ainsi que leur charge, à la merci
du douanier, qui est réputé leur consul. Ils font
accord avec lui pour les droits de la douane, et il s'en
tire quelquefois assez bien. Cependant les Vénitiens
paroissent ordinairement sous le pavillon françois, et
jouissent de sa protection autant qu'il la peut donner
par rapport au commerce.

Les Suédois, quoiqu'en alliance avec la Porte, ne
vont que très rarement à Alexandrie. Dans le temps
que j'y étois, il s'y trouvoit un vaisseau de cette
nation : il s'attendoit d'y jouir au moins des privileges qu'on accorde aux Vénitiens et aux Hollandois;
mais le douanier refusa de traiter avec lui sur ce
pied-là : de sorte qu'il fut contraint de payer les droits
dans toute leur étendue; ce qui ne devoit pas l'en-
courager à retourner une autre fois.

Il n'y a pas, ce me semble, d'autres nations européennes qui fassent commerce à Alexandrie. Les bâtiments turcs qui fréquentent son port sont des sultanes qui y vont tous les ans prendre en marchandises le *carat* (kharadje) du grand-seigneur. Le bacha du Caire est chargé de le rassembler et de le faire conduire sous les yeux d'un bey du Caire, qui l'accompagne toujours jusqu'à Constantinople.

On vit encore à Alexandrie, du temps que j'y étois, une escadre turque qui s'y rendit pour transporter les trois mille hommes que l'Egypte fournissoit pour son contingent durant la guerre entre la Porte et l'empereur d'Allemagne. La moitié de ce contingent consistoit en janissaires; l'autre moitié en assafs (assappes). Ces deux corps se comporterent si mal durant les deux mois qu'ils resterent à Alexandrie, que personne n'y pouvoit venir du Caire en sureté : ils pilloient de tous côtés, et ils volerent entre autres trente mille sequins qu'un marchand françois envoyoit afin qu'on les embarquât pour les faire passer en Europe. Il avoit cru que son argent ne courroit aucun risque, parcequ'il l'avoit confié à quelques janissaires que la nation entretient; mais ceux-ci furent attaqués par un ennemi supérieur en nombre; et l'un d'eux se trouvant blessé dangereusement, ils lâcherent l'argent aux vainqueurs. Le consul employa le verd et le sec pour faire restituer cet argent; mais, malgré toutes les démarches qu'il fit, malgré tout ce qu'il put offrir aux chefs de ces troupes, il n'obtint rien; et à mon départ d'Alexandrie on regardoit ces mille sequins comme perdus sans ressource.

Les désordres allerent depuis à de si grands excès dans la ville même d'Alexandrie que les janissaires et les assafs (assappes) en vinrent aux mains. Les réservoirs ne se trouvant pas pourvus d'une assez grande quantité d'eau pour fournir aux besoins d'un si grand nombre de personnes surnuméraires, c'étoit à qui s'en empareroit : avec cela la haine qui subsiste toujours entre ces deux portes les animoit tellement que leurs chefs avoient beaucoup de peine à les empêcher de s'égorger : ils n'en seroient jamais venus à bout s'ils n'avoient pris le parti de presser leur départ. Par ce seul moyen ils rétablirent la discipline parmi leurs troupes, et ils délivrerent la ville d'Alexandrie d'un pesant fardeau qui lui laissoit à peine la liberté de vaquer aux affaires les plus nécessaires. Je n'ai point été le témoin oculaire des faits que je viens de rapporter; mais comme j'arrivai à Alexandrie immédiatement après le départ de ces troupes, la mémoire des excès qu'elles y avoient commis étoit encore si récente qu'il n'étoit pas possible de douter des récits ni des plaintes qu'un chacun en faisoit.

Cette digression que j'ai crue nécessaire m'a empêché de parler des saïques et des vergues, sorte de vaisseaux turcs qu'on voit tous les jours dans le port d'Alexandrie. Les premiers, comme les plus grands, vont à Damiette et dans divers autres ports du Levant; et les vergues sont ordinairement employées à aller

1.   8

à Rossette. Ces vaisseaux apportent de Damiette et de Rossette les marchandises de l'Europe déposées dans ces deux villes, et ils y portent les marchandises du Caire qu'on a dessein de faire passer en Europe.

Il ne me reste après cela qu'à dire que, durant le séjour de trois semaines que je fis à Alexandrie, j'allai par maniere de promenade voir quelques endroits qui n'en sont éloignés que de quelques lieues. Je vis entre autres dans ces courses :

Planche XIV. Fig. a b c.   Le château de Bokkier (Abou-gyr), situé sur une pointe qui avance un peu dans la mer entre la ville d'Alexandrie et la bouche occidentale du Nil;

Planche XV. Fig. 1, 2.   La ville et le château de Rossette, qu'on trouve à la droite en entrant par cette même bouche du fleuve;

Ibidem. Fig. 3.   Le village de Deruth (Deyrouth), au bord du Nil, au midi de Rossette et à l'orient d'Alexandrie;

Planche XVI. Fig. 1.   La mosquée de Scheck-ghadder (Cheykh khadr), au bord du Nil, à la gauche en y entrant;

Ibidem. Fig. 2.   La mosquée de Carullo-Meresel (Kàfroul-mersel);

Ibidem. Fig. 3.   Une autre mosquée, à quatre lieues au midi de Rossette.

J'ai levé les vues de tous ces endroits sur les lieux mêmes, où je me suis transporté exprès; et je les donne telles que j'ai pu les voir.

Il n'est pas besoin d'avertir que ces endroits sont situés dans le Delta ou dans son voisinage, ni de rechercher pourquoi la partie de la basse Egypte renfermée entre la Méditerranée et les deux bras du Nil qui commencent à se former au Caire a eu le nom

de *Delta* : tous ceux qui ont lu les descriptions de
ce pays ou qui ont jeté l'œil sur les cartes qu'on
en a données se sont aisément apperçus que l'origine
de ce nom est venue de la ressemblance qu'a ce terrain
avec la figure triangulaire de la lettre grecque Δ.

On ne sera pas surpris si je ne parle point de divers
autres endroits : je les passe sous silence parceque
je n'y ai point été. Rien ne me faisoit espérer d'y
trouver des choses dignes d'attention; outre cela, il
falloit me hâter pour pouvoir pénétrer dans la haute
Egypte, ce qui étoit le but principal de mon voyage
et l'objet de ma curiosité.

Cependant, avant de quitter Alexandrie, je vais
m'acquitter de la promesse que j'ai faite ci-dessus de
donner la maniere dont un voyageur doit se conduire
en Egypte. J'avertirai néanmoins que ce que j'écris
n'est point pour ceux qui y vont dans le dessein d'y
faire négoce ou d'y chercher fortune : ces personnes-là
seront placées auprès de quelque marchand qui aura
soin de leur apprendre bientôt tout ce dont on a besoin
pour faire son chemin. Mon intention est uniquement d'instruire ceux qui, comme moi, vont en
Egypte pour satisfaire leur curiosité et pour y faire
des recherches utiles à la république des lettres.

Je commence donc par dire que je me suis apperçu
que dans l'Egypte, encore plus qu'ailleurs, on a
besoin d'un bon banquier. Il suffit dans un autre pays
qu'un banquier fournisse de l'argent; mais, en Egypte,
il faut outre cela qu'il serve d'hôte et en quelque

façon de protecteur. On s'imagine assez que dans
un tel pays il n'y a point d'auberges capables de
recevoir ce qu'on appelle un honnête homme : il est
donc nécessaire que le banquier fournisse les besoins
de la vie ou chez lui ou chez quelqu'un de ses amis. Si
le banquier est d'une nation qui ait un consul, ce
ministre se charge ordinairement de la protection dont
on a besoin; et s'il est Juif et raisonnable, il ne manquera pas de crédit pour garantir le voyageur de toute
insulte.

Si après s'être pourvu d'un bon banquier, qui
est à mon avis la chose la plus nécessaire, on veut
avancer dans le pays et satisfaire sa curiosité, je conseille fort de s'habiller à la turque; car, quoiqu'on
puisse paroître à Alexandrie en habit à l'européenne,
il vaut beaucoup mieux se mettre comme les Francs,
à la vue desquels on est déja fait. Par-là on passe pour
savoir les coutumes et les usages du pays, et l'on est
moins sujet aux réflexions du passant. Une paire de
moustaches et un air grave et imposant sont encore
fort bien placés ici; on en a plus de conformité avec
les naturels du pays.

Un voyageur prendra ensuite un janissaire à son
service, et, s'il est possible, il en choisira un qui
soit accoutumé à servir les Francs. On a des janissaires pour peu de chose. Ils savent ordinairement ce
qu'on appelle *lingua franca*. Ils accompagnent un
voyageur par-tout où il lui est permis d'aller : personne ne l'insultera dans leur compagnie. S'ils ren-

contrent un homme de distinction, ils savent lui rendre compte de celui qu'ils escortent; et s'ils voient accourir le menu peuple, ils l'écartent par des menaces. Les banquiers connoissent les janissaires serviables, et on peut s'en rapporter à leur recommandation.

Avant d'arriver à Alexandrie un voyageur aura lu les anciens auteurs, et se sera fait une idée des choses qu'il veut ou examiner ou confronter. Mais comme le pays a si fort changé de face, ce voyageur a besoin que quelqu'un le mette sur les voies. Il peut faire aisément connoissance avec les diverses nations européennes établies dans le pays, et il en pourra tirer de grands secours. Qu'il prenne garde néanmoins de ne pas s'y livrer trop facilement. Il regne ordinairement beaucoup de jalousie entre ces messieurs. On doit tâcher de les connoître, et ne s'attacher qu'à ceux qui peuvent être les plus utiles. Le drogman de la nation françoise, par exemple, est ordinairement un homme élevé dans le pays et qui en sait parfaitement la langue et les coutumes. Avec cela, pour peu qu'il soit curieux, il est en état d'indiquer les endroits où il y a quelque chose à voir. On ne doit pas négliger les instructions qu'il peut donner ; mais il ne faut absolument se fier qu'à soi-même. Telle chose qu'une personne ne daignera pas regarder pourra mériter l'attention d'une autre, et donner des lumieres qui auront échappé à des gens moins attentifs. Tous ceux avec qui un voyageur fait connoissance lui offrent civilement d'aller avec lui visiter les antiquités du pays.

Leur bonne volonté n'est pas de refus : mais, au premier essai, on éprouvera qu'ils se borneront aux choses communes ; et, si on veut aller plus avant, ils tâcheront d'en détourner, soit parcequ'ils commencent à s'ennuyer, soit parcequ'ils craignent de s'exposer à quelques accidents. On n'a rien de tout cela à craindre quand on a la compagnie d'un janissaire. Il est accoutumé à fumer sa pipe et à ne rien faire ; il trouve ces deux sortes d'agréments avec le voyageur qu'il accompagne : ainsi il se soucie peu du temps qui se passe à s'arrêter dans un endroit. Je dois pourtant avertir qu'il n'est pas expédient qu'un voyageur pousse sa curiosité jusqu'à vouloir pénétrer dans les lieux dont les Turcs ne permettent pas l'entrée, comme sont les forteresses et les mosquées. Peut-être pourroit-il persuader son janissaire de l'y mener : l'intérêt peut beaucoup sur ces gens-là ; ils ne sont pas à l'épreuve des présents. Mais il y auroit toujours de l'imprudence à s'exposer. Il arrivera une fois qu'on échappera du péril ; il y aura néanmoins toujours à parier cent contre un qu'on sera la dupe de sa curiosité. Je conseille de ne point s'entêter à vouloir visiter des lieux interdits, à moins qu'on ne soit assuré d'avance d'une permission de nature à garantir des hasards, et à moins qu'on ne soit convaincu que la chose vaut la peine qu'on se donne pour parvenir à la voir.

Les discours des personnes avec qui on fait connoissance dans le pays donnent ordinairement dans
le merveilleux. Elles racontent mille accidents qu'elles
prétendent être arrivés à des voyageurs ou à d'autres.
Si on s'en rapportoit à ces personnes-là, on n'iroit
guere au-delà des murs de l'ancienne Alexandrie,
et tout au plus on avanceroit jusqu'au Caire ; mais,
dans le fond, j'aime mieux m'en tenir à ma propre
expérience que me fier aux rapports de gens peu
instruits ou trop crédules. J'ose du moins assurer que
si on n'entreprend pas d'aller plus loin que le Caire,
et qu'on prenne tant soit peu de précaution, la route
ordinaire y conduira en toute sureté.

On n'a point besoin de drogman ou d'interprete
tant qu'on ne sort point d'Alexandrie. Si on a intention d'aller plus loin, il convient de se pourvoir au
moins d'un valet qui sache l'arabe. Une dispute qui
s'éleveroit entre les gens du bateau sur lequel on s'est
mis, ou entre eux et les passagers naturels du pays,
seroit capable d'alarmer si on n'avoit pas quelqu'un
qui pût dire de quoi il s'agit.

Au cas que l'on trouve à Alexandrie quelque occasion de voyager en compagnie, soit avec des mission-
naires, soit avec des marchands de quelque nation
européenne, la partie ne doit pas être manquée :
outre qu'on y trouve ordinairement l'avantage de la
langue, on peut toujours faire plus de fonds sur le
rapport de ces honnêtes gens que sur celui d'un
coquin de valet, juif ou grec, qui souvent a l'effron-

terie de supposer quelques dangers afin de se rendre plus nécessaire.

Avant que de laisser cette matiere j'ajouterai une regle que l'on doit déja suivre à Alexandrie, et qui doit être exactement observée dans toute l'Egypte, c'est de ne jamais faire creuser au pied de quelque antiquité, ni rompre aucun morceau de pierre de quelque monument que ce soit. Il faut se contenter de voir ce qui est exposé à la vue, et les endroits où l'on peut grimper ou auxquels on peut parvenir en rampant. Quelque plaisir qu'il pût y avoir à considérer un monument antique dans son entier, il faut y renoncer; les suites en seroient trop dangereuses. Un consul de France essaya de faire creuser auprès de l'obélisque de Cléopatre à Alexandrie afin d'en avoir les justes dimensions. Il avoit eu soin d'en demander la permission, qu'il n'avoit obtenue qu'avec bien de la difficulté. Malgré cela il ne lui fut pas possible de venir à bout de son dessein; à mesure qu'il faisoit creuser le jour, on fermoit la nuit le trou qu'il avoit fait faire. Cette opposition opiniâtre vient de ce que tout le peuple, tant grands que petits, est persuadé que tous les monuments antiques renferment quelques trésors cachés. Ils ne sauroient s'imaginer qu'une pure curiosité engage les Européens à passer en Egypte uniquement pour y creuser la terre : au contraire ils sont si persuadés de notre avarice qu'ils ne nous permettent point de fouiller nulle part. Si on s'avise de le faire en cachette, et qu'ils viennent à s'en appercevoir; ils nous regardent comme des voleurs; ils soutiennent qu'on s'est emparé du trésor qu'ils supposent être dans cet endroit; et, afin d'avoir meilleure prise sur ceux qui ont fouillé la terre, ils font monter ce prétendu trésor à un prix excessif.

Il semble que les grands du pays, infatués de cette opinion, ne devroient jamais cesser de fouiller dans la terre et de détruire tous les restes d'antiquités. C'est en effet à quoi plusieurs d'entre eux se sont appliqués, et divers précieux restes de monuments antiques sont péris par-là. Mais comme ils n'ont rien trouvé, ils se sont à la fin lassés de la dépense. Ils ne se sont pas pour cela défaits de leur folle imagination; au contraire ils y ont joint une autre idée encore plus insensée, en supposant que tous ces trésors sont enchantés, qu'à mesure qu'on en approche ils s'enfoncent de plus en plus dans la terre, et qu'il n'y a que les Francs qui soient capables de lever ces charmes; car ils passent généralement en Egypte pour être de grands magiciens.

Une autre raison encore a détourné de ces sortes de recherches. Deux de ceux qui s'étoient rendus fameux par cette entreprise de creuser la terre pour y chercher des trésors tomberent entre les mains de leurs supérieurs, qui ne les épargnerent pas, et ne voulurent jamais croire que ces hommes-là n'avoient rien découvert. Ils les accuserent d'avoir trouvé des trésors, et de le nier pour ne les pas partager avec eux. On leur faisoit tous les jours de nouvelles avanies sous des prétextes frivoles ; et enfin on leur fit payer les profits d'une recherche dont ils n'avoient jamais tiré aucun avantage.

Ce qui se trouve d'antiquités à Alexandrie, tant en médailles qu'en pierres gravées et en autres choses semblables, se découvre, comme je l'ai déja remarqué ci-dessus, sans creuser et seulement quand les terres sont lavées par la pluie. Si dans quelques occasions on remue la terre, on le fait sous d'autres prétextes, comme pour tirer des pierres quand on veut bâtir, etc. ; mais cela se fait sans toucher en aucune façon à ces pieces antiques qui sont debout, et qui par cette heureuse jalousie se sont conservées au milieu d'un peuple barbare, qui d'ailleurs n'en fait pas grand cas.

Je ne dis rien du péril où un étranger s'expose s'il a la foiblesse de s'engager dans quelque intrigue amoureuse. Je suppose qu'un homme qui va en Egypte pour s'instruire par la recherche de l'antiquité doit être assez modéré et assez retenu pour n'avoir rien à craindre de ce côté-là. Si cependant il s'en trouvoit quelqu'un qui eût besoin d'antidote contre une si folle passion, il suffit de le renvoyer au récit que tous ceux qui ont fréquenté Alexandrie et le Caire lui pourront faire. Il apprendra que de jeunes marchands ont été malheureusement assassinés dans ces deux villes ; que d'autres, après s'être ruinés à force de faire des présents aux janissaires pour les engager à se taire, se trouverent à la fin trompés à tel point, qu'au lieu d'a-

voir joui de quelques femmes de distinction, ils s'é-
toient abandonnés aux plus viles prostituées, qui,
par dessus le marché, les avoient régalés d'un mal
qu'ils gardoient pour toute leur vie, et dont personne
n'étoit en état de les guérir.

Enfin dans l'Egypte on doit éviter encore plus qu'ailleurs les occasions d'être insulté par les gens du pays.
Mais si malheureusement le hasard vouloit qu'on fût
exposé à leurs insultes, il est prudent et sage de
faire l'oreille sourde et de fermer les yeux. En tout
cas, on en peut venir jusqu'aux menaces ; mais qu'on
se garde bien de frapper un musulman : si on étoit
assez heureux que d'échapper la mort, il en coûteroit
tout le bien qu'on auroit; et, ce qui seroit aussi cha-
grinant, les amis de celui qui auroit frappé seroient
engagés dans l'affaire et ne s'en tireroient qu'à force
d'argent. Si absolument on veut avoir satisfaction,
il faut la demander aux juges : mais elle coûtera si cher
qu'on n'aura pas envie d'y retourner une autre fois.

S'il y a quelque autre chose que le voyageur doive
savoir, il l'apprendra dès les premiers jours de son
arrivée dans le pays. Il convenoit de l'instruire des
articles que je viens de toucher : peut être seroit-il trop
tard d'en être informé sur les lieux, outre que l'on
est sujet à ne pas croire tout ce qu'on entend dire.
Pour moi j'aurois été ravi d'en être informé d'avance :
c'est ce qui m'a engagé à les publier pour l'utilité
de ceux qui pourroient être dans le cas où je me suis
trouvé.

VOYAGE

D'EGYPTE ET DE NUBIE.

TROISIEME PARTIE.

NOUVEAU CAIRE.

J'arrivai au grand Caire le 7 du mois de juillet 1737. Cette capitale de l'Egypte, qu'on appelle aussi simplement le Caire, et en arabe *Masser* (*âl Qâhirah* ou *Massr*), est située à l'orient du Nil, un peu au-dessus de l'endroit où ce fleuve se partage en deux bras pour former le Delta. Elle est divisée en deux villes, l'une connue sous le nom de vieux Caire, l'autre sous celui de grand Caire (1) ; et on a les vues de l'une et de l'autre dans les deux feuilles de la planche XVII.

Planche XVII.

Cette ville est si connue par tant de relations et de descriptions qui en ont été publiées, que je me flatte qu'on me saura gré de ce que je me dispense d'entrer dans des détails circonstanciés au sujet de

____

(1) *Massr-êl-a'tyq* ou *Fosthâth* et *âl-Qâhirah*. (L).

son origine, de son circuit, du nombre de ses habitants, de son château, et de la quantité de ses mosquées, de ses bains publics, de ses portes, etc.
Cependant, pour qu'on ne me puisse pas reprocher
de n'en avoir rien dit, je ferai quelques remarques
sur certains sujets, qui peut-être ne paroîtront pas à
tout le monde indignes d'attention.

La premiere de ces remarques concerne la cérémonie qui se pratique chaque année, lorsqu'il est question
de couper la digue du *Calisch* (Khalydje), ou canal qui
dans le temps de l'accroissement des eaux du Nil les
doit conduire au grand Caire, et qui dans la campagne ne ressemble qu'à un fossé mal entretenu, car
il n'a ni revêtement de maçonnerie ni même de bord
marqué : à la vérité, quand il entre dans la ville, il
devient un peu plus respectable, y coulant le long
des murailles des maisons bâties sur ses bords. Du
reste, il n'a pas grande largeur dans la ville non plus
que dans la campagne; et dans l'endroit par où entrent les eaux du Nil, il peut avoir 15 à 20 pieds de
largeur.

Dès que les eaux du Nil commencent à croître, on ferme l'embouchure du Calisch (Khalydje), par le moyen
d'une petite digue de terre qu'on y éleve, et on y
pose une marque qui doit indiquer le temps de l'ouverture de ce canal et de tous les autres canaux du
royaume.

Lorsque ce jour est arrivé, le bacha et ses beys
se rendent en grand cortege à la cérémonie de l'ou-

verture de la digue : ils se placent sous un assez mauvais pavillon qui est à côté , et les Coptes et les Juifs sont employés à couper la digue. Quelques mal peignés , qui sont dans une méchante barque , jettent des noisettes, des melons, et autres choses semblables, dans l'eau qui entre, tandis que le bacha fait jeter quelques parats (*párah*), et fait allumer un pauvre feu d'artifice d'une vingtaine de fusées : enfin toutes ces réjouissances, tant vantées par quelques voyageurs, aboutissent, à peu de chose près , à celles qu'on pourroit voir à la noce d'un bon paysan. Ce qui y pourroit absolument attirer la curiosité , c'est le cortege des grands, qui, dans son espece, ne laisse pas d'avoir quelque chose de magnifique.

Le peuple , dans ces rencontres , fait mille folies pour témoigner la joie qu'il a de ce que l'accroissement du Nil lui promet la fertilité du pays et l'abondance de la moisson. Les danses les plus lascives sont les moindres marques de son alégresse , et il ne se passe guere d'année que quelqu'un ne perde la vie au milieu de ces réjouissances tumultueuses , qui sont représentées au naturel dans mes dessins.

Planche XVIII.

La seconde remarque que j'ai à faire regarde le fameux puits de Joseph, dont le plan et la coupe se trouvent aussi avec toutes leurs proportions parmi mes dessins. La bouche de ce puits a 18 pieds de largeur sur 24 de longueur ; sa profondeur est de 276 pieds depuis la roue supérieure jusqu'au fond de l'eau. Cette profondeur est partagée en deux temps. Au bout

Seconde remarque.

Planche XIX.

de 146 pieds on rencontre un repos ou palier , sur lequel on puise l'eau du fond par le moyen d'une seconde roue à chapelet de cruches de terre. Ce repos se trouve un peu plus bas que le milieu de la profondeur , car de là au fond du puits il ne reste plus que 13o pieds. Ce second quarré du puits n'est ni si large ni si long que le premier; il n'a que 15 pieds de longueur sur 9 de largeur , et sa hauteur est de 9 pieds. Tout ce puits est taillé proprement dans le roc , et si artistement que le rocher sert de rempart à la descente du côté du puits , et on a pratiqué d'espace en espace des fenêtres pour donner du jour : il vient de la bouche du puits, et sert pour la descente des bœufs destinés à tirer l'eau pour la seconde roue. De là jusqu'au fond regne un autre escalier ou une descente, qui fait la même figure , si ce n'est qu'elle n'est pas si large que la premiere , n'ayant que 3 à 4 pieds de largeur et 6 pieds de hauteur; encore n'a-t-elle point de parapet aux côtés : elle est tout ouverte , et cela rend la descente très dangereuse. Au bas de cette derniere descente est le bassin ou la source de l'eau, qui n'a que 9 à 10 pieds de profondeur. Le goût en est un peu salé ; aussi ne s'en sert-on point pour boire qu'en cas de siege ou dans quelque autre nécessité.

Troisieme remarque. Le commerce est l'objet de ma troisieme remarque. Il a été autrefois plus grand qu'il n'est aujourd'hui ; mais il ne laisse pas encore d'être assez considérable : et comme j'ai eu la curiosité de me faire mettre au fait de la monnoie, des différents poids et mesures,

et des marchandises les plus courantes dans le pays,
je vais en donner une idée un peu détaillée.

Il y a en Egypte des maïdins, qui sont de petites   Monnoies.
pieces d'argent.

Le fendoucli (felourli) est une piece d'or, qui
vaut 146 maïdins.

Le genzerli et le mahbub (mahhboub) sont deux
autres différentes monnoies d'or, qui valent 110
maïdins la piece.

On se sert aussi dans le commerce d'une piastre
imaginaire évaluée 60 maïdins.

Les especes d'Europe qui ont cours en Egypte sont
aussi sujettes à des variations et à des révolutions que
les marchandises. J'en donnerai néanmoins une note,
telle que les marchands me la communiquerent au
mois de mai 1738.

*Valeurs des especes de l'Europe qui ont cours en
Egypte.*

Pistole d'Espagne, du poids de 2
dragmes et 2 karats (la dragme de 16
karats), sans peser, ... à maïdins 250

Cruzades de Portugal, du poids de
115 dragmes les 33 cruzades, sans peser,   407

Sequins de Venise, du poids de 11
dragmes, les 10 sequins, sous le poids,   154

Sequins de Hongrie, du même poids,
sous le poids, ...   146

Piastre de réaux, du poids de 9
dragmes la piastre, sous le poids, .   78

Piastres de l'empereur d'Allemagne,
du poids de 24 dragmes les 10 piastres,
sous le poids, ... à maïdins   78

   Piastre à la rose, du poids de 9
dragmes la piastre, sans peser, . .   72

Poids.   Quant aux poids, ou plus forts ou moindres, il suffit, pour entendre les prix qui vont suivre, de savoir d'avance que le rotal est généralement de 144 dragmes ; que 102 rotaux $\frac{3}{4}$ de ces dragmes font 96 livres de Copenhague, dont la livre revient à dragmes 154 $\frac{1}{8}$ en Egypte, où le rotal, comme il vient d'être dit, est de 154 dragmes ; et que les 100 livres de Copenhague font 107 rotaux d'Egypte.

On use aussi dans ce pays-là de quelques autres poids, entre autres de l'ocque, qui est de 400 dragmes et de 420.

Mesures.   Pour ce qui est des mesures des marchandises qui entrent, elles se reglent sur la picque de Constantinople. La canne fait 3 de ces picques : l'aune de Hanse, 1 picque $\frac{3}{4}$: la verge ou yard d'Angleterre, 1 picque $\frac{1}{3}$: les 100 brasses de Toscane, 86 picques : les 100 brasses d'étoffe de soie de Venise, 33 picques ; et la brasse de drap de la même ville, 1 picque.

Dans le même mois de mai 1738, les prix des marchandises d'entrée étoient sur le pied qui suit :

Le quintal
de rotaux,

100   Poivre, net de poussiere, le

       quintal à pieces 29 maïdins,   piece   60

102   Argent-vif, ...   133

le quintal de rotaux.		piece	
	Cinabre, ...	piece	130
102	Etain en verges , ...		24
105	Fil de laiton jaune, assorti,		42
	Lames ou bandes de laiton,		
	en rotaux , ...		44
	dito, en plaques , . . .		40
	dito , en verges , ...		32
	Fil de fer assorti , ...		13
	Acier , ...		8
	Gérofle , le rotal , ... à maïdins		138
110	Noix muscade , le rotal , .		130
	Salsepareille fine , le rotal ,		25
	Espica celcita , le quintal , . à pieces		28
112	Benjoin , ...		80
	Amandes , ...		8
115	Gingembre , ...		6
120	Bois de Brésil, Fernanbouc ,		$15\frac{1}{2}$
	dito, brésillet , ...		6
	dito, Campêsche , . . .		$4\frac{1}{2}$
	Verdet en pains , ...		24
125	Arsenic jaune , ...		8
	dito , blanc , ...		3
150	Minium , ...		6
	Alquifoux de fer , sans tare		
	pour la caisse ou baril , .		$4\frac{1}{2}$
	dito , d'Ecosse , ...		$5\frac{1}{2}$
	Soufre en canons , . . .		3
	Azur fin , l'ocque de drag-		
	mes 400 , ...		

Le quintal de rotaux.

Cochenille dito , l'ocque , .   à pieces   13

150   Ambre jaune, travaillé en bros-
settes transparentes et as-
sorties, l'ocque de dragmes
420 , ...   15 à 25

Céruse de France , avec la
caisse, le rotal 75 , . . $5\frac{1}{2}$

dito, de Hollande, le rotal 75, $5\frac{1}{2}$

dito , de Venise, dito , . .   7

Feuilles de fer-blanc , le baril
de 450 feuilles , le baril ,   23

Aiguilles, depuis n°. 1 jusqu'à
n°. 6, les 12 milliers, n. p. s.   6

Papier , la balle de 14 rames,   12

dito , la balle de 24 rames , . $11\frac{1}{2}$

dito , la balle de 12 rames , . $16\frac{1}{2}$

dito, à trois lunes, fabrique de
Venise, la balle de 40 rames,   55

Draperies.

Londrine, premiere de Hanse,
la picque, ... à maïdins 110

Londrine seconde , . . .   85

Londrine large , ...   73

Londrine de Hollande, . .   120 à 160

Saie écarlate de tout paran-
gon, fabrique de Venise, la
picque selon la qualité, .   200 à 280

Demi-saie de la même ville,   110 à 170

Satin de Florence , la picque,   65 à 85

Les principales marchandises de sortie sont :

Lin en rame. ⎫
dito en fil. ⎪
dito peigné. ⎬ Le tout en prodigieuse quantité et
Coton filé. ⎪ de toutes sortes.
Cuirs. ⎭

Toiles de coton de toutes façons.
Cire jaune.
Sel ammoniac.
Safran.
Sucre.
Séné.
Casse.

Il sort outre cela une quantité énorme de café de Moka, et de toutes sortes de marchandises, de drogues, d'épiceries, de toile de coton, et autres marchandises des Indes orientales, que 30 à 40 vaisseaux débarquent à Suèz, d'où ils partent tous les ans chargés par les marchands du Caire de marchandises de l'Europe et de l'Egypte.

A ce peu de remarques touchant le grand Caire j'en joindrai quelques unes qui concernent le vieux Caire.

LE VIEUX CAIRE.

Planches X X, X X I et X X II. Cette ancienne ville, dont je donne dans mes dessins trois vues différentes, est située au bord du
grand canal qui sépare l'isle de Rodda (Roudhah)
de la terre ferme. Sa longueur, à compter depuis
la machine qui éleve l'eau de l'aqueduc jusqu'au bazard (bâzâr), est d'un quart de lieue de France ; et sa
plus grande largeur, à la prendre depuis l'hospice jusqu'au canal, est de 5oo pas ordinaires ; le reste est
assez inégal, et ses extrémités se terminent par des
maisons seules.

La plus grande partie de ses bâtiments, si on en
excepte les habitations des ouvriers, consiste en des
maisons de plaisance, où les grands et les personnes
de distinction du Caire vont se divertir dans la saison
où les eaux du Nil ont pris leur accroissement. Mais
les jardins sont en grand nombre, et des dattiers
ainsi que des treilles de vignes y occupent beaucoup
de place.

Il peut y avoir au vieux Caire une demi-douzaine de
mosquées ornées de minarets (minareh). Les Juifs y
ont une synagogue ; les catholiques romains un hospice
occupé par les peres de la terre-sainte ; les Coptes une
contrade avec diverses églises, entre autres celle où
est la grotte dans laquelle une tradition veut que la
sainte vierge se soit reposée lorsqu'elle se retira en
Egypte ; et les peres de la terre-sainte paient aux
Coptes une certaine somme par an pour avoir le pri-

vilege de dire la messe dans cette grotte quand ils le souhaitent.

La *maison d'eau* est un ouvrage des Sarrasins. Elle peut avoir servi anciennement de palais : aujourd'hui on y voit quatre moulins à chapelets de méchants pots de terre ; des bœufs les font mouvoir, et c'est ce qui fournit d'eau l'aqueduc qui la conduit dans le château du grand Caire : le tout est construit en pierres de taille.

Un des plus considérables édifices c'est le *grenier de Joseph*. Il occupe une grande place ceinte d'une muraille tout à l'entour, et on a pratiqué en dedans diverses séparations. On y dépose le bled qu'on paie pour tribut au grand seigneur et qu'on apporte des divers cantons de l'Egypte. Ce bled, qui y demeure tout à découvert, nourrit tous les jours une grande quantité de tourterelles et d'autres oiseaux qui le viennent piller. Les portes ne sont fermées qu'avec des serrures de bois ; mais les inspecteurs de ce grenier, après avoir fermé une porte, y apposent leur sceau sur une poignée de boue dont ils se servent en guise de cire. Du reste ce grenier n'a rien d'antique, quoique son nom paroisse en imposer : ses murs sont en partie du temps des Sarrasins : on y a employé quelques pierres de taille ; mais la plus grande portion est construite de méchantes briques et de boue, comme on en use tous les jours au Caire pour bâtir.

Les maisons de plaisance des grands seigneurs n'ont rien qui réponde à leur nom ; ce ne sont que de vastes salons mal disposés, avec trois ou quatre divans en dedans : ces divans mêmes ne sont que de petits trous qui forment une espece de labyrinthe, et ont ce seul avantage qu'ils procurent au maître la commodité de voir ses femmes et ses esclaves sans que l'une puisse s'appercevoir de ce qui se passe chez l'autre.

Aux environs du vieux Caire, sur-tout du côté de l'orient, on ne découvre rien d'agréable à la vue: ce sont des collines stériles qui semblent être formées de cendres et de décombres.

On peut dire que la ville est entièrement ouverte, car elle a seulement du côté du levant un peu de muraille, qui subsiste encore depuis le temps des Sarrasins. Cela ne sauroit guere servir à sa défense : on en fait un autre usage ; on y a pratiqué des places où les paysans apportent la volaille et les autres denrées qu'ils ont à vendre.

Le canal qui est entre le vieux Caire et l'isle de Rodda (Roudhah) a été creusé de toute ancienneté : il commence au bazard (bâzâr) et finit auprès de la maison d'eau. On passe tout cet espace à pied sec lorsque les eaux du Nil sont basses; mais quand ce fleuve s'est enflé, on y voit passer toutes sortes de bâtiments et même jusqu'à des barques. Le 23 juillet 1737 il étoit entièrement à sec ; mais à la fin de ce mois il n'étoit pas possible de le passer à gué ; et le 14 d'août l'accroissement des eaux étoit déja si fort qu'on étoit en état d'ouvrir la digue du calisch (kalidje) ou canal

qui porte les eaux du Nil au grand Caire. Le 19 novembre, temps auquel j'étois prêt à partir pour la haute
Egypte, ce canal pouvoit à peine souffrir qu'on le pas-
sât avec de petits bateaux vuides ; et quand je fus de
retour je le trouvai entièrement à sec, le 24 de février
1738. Sa largeur est de 200 pas ordinaires, et sa longueur d'un quart de lieue de France.

Il peut y avoir un quart de lieue du vieux Caire à
l'enceinte du grand Caire, et une demi-lieue du vieux
Caire à Boulac (Boulâq).

Ce bourg s'entretient du voisinage du grand Caire,
dont il est comme l'entrepôt et le havre. Il est situé
à l'orient du Nil, et il a au nord le Calisch (Khalidje),
qui, comme je l'ai déja remarqué, conduit l'eau du Nil
au grand Caire.

Au milieu de ce fleuve, entre le vieux Caire et Gize
(Djgzah), se trouve l'isle de Rodda (Roudhah), qui est
presque aussi longue que le vieux Caire lorsqu'elle n'est
pas inondée dans sa pointe septentrionale; mais dans le
temps de l'inondation elle perd un quart de son étendue.
Elle peut avoir dans son milieu 500 pas de largeur; l'extrémité septentrionale se termine en pointe, et la face du
Mokkias (Miqyâs) occupe toute la largeur de la partie
méridionale.

Presque toute l'isle est distribuée en jardins, et
n'a d'autres habitants que des jardiniers avec les ouvriers qui leur sont nécessaires pour leur travail (1).

____

(1) Le nom de cette isle (*roudhah*) en arabe signifie jardin. (*Langlès*).

Le Mokkias.   Le Mokkias ou Mikkias (Miqyâs), ouvrage des Sarrasins, fait son principal ornement. Il tire son nom de l'u-
sage auquel on l'a consacré ; car mokkias (miqyâs) signifie *mesures*. On y observe effectivement chaque jour,
par le moyen de la colonne graduée, l'accroissement
ou la diminution des eaux du Nil, et c'est sur cela
que les crieurs publics fondent les proclamations qu'ils
font de ces évènements à différentes heures par la ville.

Son bassin est dans une tour quarrée, environnée
d'une galerie qui a diverses fenêtres, et qui est ter-
minée par une voûte à l'arabesque, comme on peut

Planches XXIII, XXV et XXVI. le voir plus clairement dans mes dessins : ainsi je me
bornerai à rapporter l'inscription arabe qu'on lit à
l'entrée du Mokkias (Miqyâs). La voici, suivant l'explication qui m'en a été donnée :

L'entrée de ce lieu témoigne qu'il n'y a point
d'autre dieu que Dieu, et que Mahomed
est l'envoyé de Dieu.

A côté du Mokkias (Miqyâs), mais toujours dans le
même rang de bâtiments, on voit une grande mosquée,
et à côté de cette mosquée, vers l'occident, un escalier pour descendre à l'eau. C'est sur cet escalier
que le peuple fait ses observations ; car le Mokkias
(Miqyâs) lui-même est fermé, et on n'en permet que
bien difficilement l'entrée.

Le reste des bâtiments qui accompagnent le Mokkias (Miqyâs) est destiné pour ceux qui le desservent
et pour les gens de la mosquée.

Quelques uns prétendent que c'est sur cette isle que Moïse fut exposé par sa mere et sauvé par la fille de Pharaon. On seroit pourtant assez bien fondé à révoquer en doute cette opinion, parceque l'isle de Rodda (Roudhah) n'a pas toujours été telle qu'elle se trouve aujourd'hui : le canal qui la sépare du vieux Caire le fait assez entendre; outre cela la ville de Memphis étoit de l'autre côté du Nil; et il n'est point dit dans l'écriture sainte que la fille de Pharaon eût traversé ce fleuve.

Pour ne pas interrompre la description du Caire et de ses dépendances, je passerai tout de suite à Gize (Djyzah), dont j'ai déja commencé à faire mention et dont j'ai donné la vue dans mes dessins. C'est un assez grand village, situé sur la rive occidentale du Nil, vis-à-vis du vieux Caire et de l'isle de Rodda (Roudhah). Il n'est bâti que de briques et de boue, et n'a pour tout ornement que quatre à cinq minarets de mosquées avec quelques dattiers. Il s'y fait beaucoup de pots de terre et de tuiles, qui réussissent assez mal et sont toujours sans vernis, dont les Egyptiens ne connoissent pas bien l'usage.

Gize,
Planche
XXIII.

Si on s'en rapporte à quelques auteurs, la ville de Memphis étoit située dans l'endroit où est aujourd'hui le village de Gize (Djyzah); et j'avoue que ce sentiment ne manque pas de vraisemblance. Mais, en y faisant bien attention, on trouve ou qu'il faudroit rabattre beaucoup de la grandeur de cette ancienne capitale de l'Egypte, ou hausser extrêmement les plaines des environs. En effet Gize (Djyzah) n'occupe pas la moitié de la place du vieux Caire, et les plaines qui regnent à l'entour ne manquent jamais d'être inondées dans le temps du débordement des eaux du Nil. Est-il croyable qu'on ait bâti une ville si grande et si fameuse dans un endroit sujet à être sous l'eau la moitié de l'année? encore moins peut-on s'imaginer que les anciens auteurs aient oublié une circonstance si particuliere.

Mosquée d'Atter-ennabi.

A une demi-lieue au midi du vieux Caire on voit la grande mosquée d'Atter-ennabi (A'therên-naby), située sur une pointe au bord oriental du Nil. Les mahométans ont une grande vénération pour cette mosquée, parcequ'une tradition veut qu'Omar, premier calife, en descendant dans l'endroit où elle a depuis été fondée en son honneur, y laissa sur un marbre l'empreinte de son pied. Elle n'a d'ailleurs rien d'extraordinaire ni en dedans ni en dehors, si ce n'est un corridor de colonnes antiques, mais si mal rangées que souvent les chapiteaux, renversés dessus dessous, servent de piedestaux, et les piedestaux sont employés

Planches XXXV et XXXVI.

pour servir de chapiteaux. Je n'ai pas laissé d'en représenter la figure dans une planche particuliere, et encore dans celle qui donne la vue du village de Deir-ettin (Déïrêt-tyn).

Planches XXXVI et XXXVII.

Ce village, dont je donne dans mes dessins deux vues différentes, est situé tout auprès de la mosquée d'Atter-ennabi (A'thrên-naby), du côté du midi. Il a une mosquée, et il s'y trouve un couvent de chrétiens coptes. Les maisons sont d'une mauvaise construction et presque

toutes bâties de boue. Un bout du village touche au
Nil, et l'autre s'étend vers les montagnes, qui n'en
sont guere éloignées que d'une lieue. Ce qui embel-
lit le plus ce village ainsi que la plus grande partie
des autres, ce sont les dattiers, sorte d'arbres que
l'on éleve ordinairement en grande quantité.

On prétend que ce nom Deir-ettin (Déïrêt-tyn) signifie
Couvent de figues. Je remarquerai à cette occasion qu'on
a en Egypte diverses especes de figues : mais s'il y a de la
différence entre elles, une espece particuliere differe
encore davantage ; j'entends celle que porte le sycomore, qu'on nomme en arabe giomez (djoumez). J'ai
dessiné cet arbre avec ses feuilles et ses fruits ; et c'est
sur un arbre de cette sorte que Zachée monta pour
voir l'entrée de notre Seigneur en Jérusalem.

Planche
XXXVIII

Ce sycomore est de la hauteur d'un hêtre, et porte
ses fruits d'une maniere toute différente des autres arbres ; il les a au tronc même, qui pousse de petits reje-
tons en forme de grappes, au bout desquels viennent
les fruits. On voit dans la figure que j'en donne combien
ils sont voisins l'un de l'autre. Ils croissent presque
comme des raisins. L'arbre est toujours verd, et porte
du fruit plusieurs fois dans l'année sans même observer des temps certains, car j'ai vu des sycomores qui
ont donné du fruit deux mois après d'autres. Le fruit
a la figure et l'odeur des véritables figues, mais il
leur cede pour le goût, ayant une douceur dégoûtante ;
sa couleur est d'un jaune tirant sur l'ochre, ombré de
couleur de chair ; en dedans il ressemble aux figues

ordinaires, si ce n'est qu'il a un coloris noirâtre avec des taches jaunes. Comme j'ai dessiné les fruits et les feuilles d'après nature , on n'a qu'à les enluminer conformément à la description et on les aura dans leur naturel. Cette sorte d'arbre est assez commune en Egypte. Le peuple pour la plus grande partie mange de ses fruits , et croit se bien régaler quand il a un morceau de pain , une couple de figues de sycomore , et une cruche remplie d'eau du Nil.

Premiere remarque. J'ajouterai ici quelques autres remarques, que j'ai faites durant mon séjour au Caire et dans ses environs.

Planche XXIX. La premiere concerne la façon ordinaire de faire éclorre les poulets dans des fours ; et, pour la mieux faire comprendre, je donne le dessin d'un de ces fours avec ses proportions. On y voit le plan de l'étage d'en-bas où se met le feu, le plan de l'étage supérieur où l'on met les œufs dans des rigoles ; une coupe du four sur la longueur, et une autre coupe sur sa largeur.

Seconde remarque. La seconde remarque a pour objet la maniere dont on bat ou plutôt dont on foule le riz en Egypte, par le moyen d'un traîneau tiré par deux bœufs, et dans lequel l'homme qui les conduit est à genoux, tandis qu'un autre homme a soin de tirer la paille et de la séparer du grain qui reste au-dessous. Pour fouler le riz on le couche par terre en rond, de maniere qu'on laisse un petit cercle vuide en dedans. Cette opération se conçoit aisément en jetant un coup-d'œil sur le dessin que j'en donne.

Planche XXX.

Dans la même planche on voit comment les femmes en Egypte portent l'eau du bord du Nil dans les villages.

En troisieme lieu j'ai observé, étant au Caire, qu'on y voit souvent une sorte de barques qui apportent ordinairement sur le Nil du séné, qui vient d'Essenay. Ces barques s'appellent dans le pays *merkeb*: j'ai dessiné celle dont nous nous servîmes en partant du Caire pour remonter le Nil, et j'y ai joint la maniere dont on s'y prend pour mettre ces barques à flot.

La quatrieme remarque concernera les sauterelles et les dareïras (dharéïrah). Les premieres, que j'ai dessinées d'après nature, sont sur-tout remarquables par les hiéroglyphes qu'elles portent sur le front : leur couleur est verte par tout le corps , à l'exception d'un petit bord jaune qui leur environne la tête et qui se perd aux yeux; leur longueur est de deux pouces 26 parties , mesure de Danemarck. Cet insecte a deux ailes de dessus assez solides ; elles sont vertes comme le reste du corps, si ce n'est qu'on voit à chacune une petite tache blanche : la sauterelle les tient étendues comme de grandes voiles dans lesquelles souffle un vent en pouppe. Elle a encore deux autres ailes au-dessous des premieres , et qui ressemblent à une légere étoffe transparente , à-peu-près de la figure d'une toile d'araignée , et dont elle use à la façon des voiles latines qui sont le long d'un vaisseau ; mais quand elle se repose, elle fait comme un vaisseau qui seroit à l'ancre, car elle tient ses secondes voiles pliées sous les autres.

Le dareïra (dhareïrah), représenté dans la même planche, est une espece de cousin, dont l'eau est quelquefois presque toute couverte vers le soir. Je le prends pour cette sorte d'insecte que les chauves-souris vont chercher sur le Nil afin d'en faire leur nourriture.

On voit encore, dans la seconde figure de la même planche, un radeau fait de grosses cruches de terre étroitement liées ensemble et couvertes de feuilles de palmier. On s'en sert pour traverser le Nil; et l'homme qui le conduit tient ordinairement à la bouche une corde avec laquelle il pêche en passant, comme on le voit distinctement sur la planche qui donne la vue du Gize (Djyzah).

Les figuiers-d'Adam, nommés vulgairement *bananas*, et les beaux cyprès du vieux Caire, donnent matiere à une cinquieme remarque. J'ai dessiné ces deux especes d'arbres ; et j'y ai joint la figure de la poule de Pharaon, que l'on prend pour l'ibis des anciens.

J'y ajoute la figure de la casse fistulée, que l'on trouve de tous côtés en Egypte: le dessin d'une urne antique, que j'ai apportée avec moi, et qui a un pied danois de hauteur; elle est d'une pierre blanche tirant tant soit peu sur le jaune, et semblable à celles de la Thébaïde employées dans les anciens édifices, et qu'on trouve dans la haute Egypte: enfin deux fragments, que j'ai dessinés très fidèlement et qui m'ont paru mériter l'attention des savants.

Les différents vases et ustensiles dont on se sert Sixieme remarque.
dans les ménages donnent lieu à une sixieme remarque.
J'ai dessiné ceux qui sont d'un plus fréquent usage. Planche
On y voit des bardakes (bardaq), vaisseaux faits les XXXIV.
uns de térre blanche, les autres d'une terre noirâtre. Let. a.
Mais ils ne sont qu'à moitié cuits, ce qui fait que l'eau
filtre toujours par le bas et se clarifie de cette façon.
Les vases blancs sont les meilleurs, parceque l'eau s'y
rafraîchit plutôt que dans les autres. Ils sont en re-
vanche un peu plus chers; mais comme on en a
deux ou trois pour un parat, ou pour deux sous de
France, il n'y a que des pauvres qui puissent penser
à épargner là-dessus. On les couvre d'une espece de Let. c.
bonnet de paille fait d'une façon toute particuliére.

L'eau que l'on apporte du Nil, sur des chameaux
ou sur des ânes, se verse dans de grandes jarres faites
de terre cuite et rouge; elles ne sont point vernissées;
ainsi elles purgent de même l'eau du Nil, qui est
extrêmement trouble quand on l'apporte à la maison :
on l'aide à se clarifier en y mettant des amandes ou
des feves pelées. Cette jarre se pose sur un pied fait Let. d.
assez grossièrement; elle a communément 32 pouces
de hauteur mesure de Paris, et sa bouche a 10 pouces
de largeur.

L'aiguiere, quoique façonnée grossièrement, est une Let. g.
des meilleures pieces qu'on ait en Egypte en fait de
poterie de terre, car tout cet art y consiste à faire quelques méchants pots ou plats; et comme on n'y connoît
point l'usage du vernis, on est par conséquent inca-

Planche XXXIV.
Let. h.

pable de faire quelque ouvrage qui ne coule point.

On ne peut pas dire que les cafetieres soient mal fai-tes: elles sont de cuivre rouge, étamé par dehors aussi bien que par dedans. Il y en a de différentes grandeurs, depuis une tasse jusqu'à vingt; et on en trouve tou-jours de faites, de sorte qu'on peut choisir.

Let. i.

Les tasses dans lesquelles on prend le café n'ont point de soucoupes, on ne s'en sert guere; les grands seuls en usent; et elles sont travaillées à jour, ce qui se pra-tique afin qu'on ne se puisse pas brûler. La porcelaine dont on fait usage dans le pays est celle des Indes.

Je finirai cette remarque par la description des lam-pes et des lanternes dont on se sert communément au Caire. La lampe que j'ai représentée est de bois de palmier, de la hauteur de 23 pouces, et travaillée très grossièrement. Le verre qui pend au milieu est à demi rempli d'eau, avec trois doigts d'huile au-dessus. La meche se conserve à sec au fond du verre où on lui a ménagé une place. Ces lampes ne donnent pas beaucoup de lumiere; elles sont cependant assez com-modes en ce qu'elles se transportent facilement d'un lieu à l'autre.

Let. l.

Let. f.

A l'égard des lanternes dont j'entends parler, elles ont à-peu-près la figure d'une cage et sont faites de roseaux. C'est un assemblage de cinq à six verres sem-blables à celui de la lampe qui vient d'être décrite. On les suspend à des cordes au milieu des rues quand il y a quelque grande fête au Caire, et on met du pa-pier peint à la place des roseaux.

Enfin pour derniere remarque j'observerai que, Septieme remarque. comme il ne pleut que rarement en Egypte, l'auteur de la nature a disposé si sagement les choses, que ce manque de pluie est heureusement remplacé par l'inondation réguliere qui s'y fait, et qui y revient tous les ans.

Rien n'est plus connu que cette inondation, mais aussi rien sur quoi on se méprenne davantage que sur la maniere dont elle se fait, et sur la façon dont on cultive après cela la terre.

Les auteurs qui ont entrepris de donner des descriptions de l'Egypte ont cru ces deux articles si généralement connus qu'ils ne sont presque entrés dans aucunes particularités : contents d'avoir dit que la fertilité du pays dérive uniquement de cette inondation annuelle du Nil, ils s'en sont tenus là ; et ce silence a donné occasion de croire que l'Egypte est un paradis terrestre où on n'a besoin ni de labourer la terre ni de la semer, tout étant produit comme de soi-même après l'écoulement des eaux du Nil. On s'y trompe bien ; et j'oserois avancer, sur ce que j'en ai vu de mes propres yeux, qu'il n'y a guere de pays où la terre ait un plus grand besoin de culture qu'en Egypte. C'est la raison qui m'a engagé à donner dans mes dessins, non seulement les diverses machines hydrauliques dont on se sert pour arroser la terre, mais encore le dessin d'une charrue dont on est obligé de faire usage pour labourer les terres aux environs de Gamase (Ghamâzah), dans la haute Egypte.

Planches XL et XLIII. Planche LVI.

A la vérité dans le Delta, qui est plus fréquenté et plus cultivé, la méchanique y devient un peu plus facile que quand on remonte plus haut. On s'y sert, pour élever l'eau, de divers moulins qui la répandent dans une infinité de canaux, qu'on appelle communément en françois *canaux d'arrosage*. Outre cela le Delta a encore un avantage du côté de la nature, c'est que le terrain s'y trouve plus bas et peut d'autant mieux être inondé.

Au-dessus du Caire on se sert quelquefois de vases de cuir pour verser l'eau dans les canaux. On y fait aussi un grand usage de roues à chapelets que des bœufs font mouvoir; et quoique ces machines ne soient pas absolument de la meilleure construction, elles sont néanmoins capables de fournir l'eau dont on a besoin pour arroser la terre.

Planche LIII. On voit sur la planche LIII, let. a, un morceau d'une digue pratiquée au bord du Nil; et par occasion j'avertirai que ces digues sont en général assez mal entretenues. J'ai aussi représenté sur la même planche la maniere de donner l'eau à la campagne quand elle en a besoin; et cette vue est prise aux environs de Deïr-ell-Lodivie (Déïr êl-âdâvyeh). J'ai principalement observé ces deux manieres d'arroser les terres, depuis le Caire jusqu'à Derri.

Tout cela ne seroit pas encore suffisant. La sécheresse est si grande que le terrain n'a pas seulement besoin d'une inondation générale, il demande encore que, quand les eaux du Nil commencent à baisser,

on ne les laisse pas s'écouler trop promptement, il
faut donner le temps aux terres de s'en imbiber et
de s'en abreuver.

Cette nécessité a depuis long-temps fait chercher
les moyens de pouvoir retenir l'eau et de la conserver pour l'arrosement des terres. Les anciens y avoient
réussi à merveille, et de leur temps on voyoit tout le
terrain dans une beauté florissante jusqu'au pied des
montagnes : mais le cours du temps et les diverses
désolations dont le royaume a été affligé ont tout
fait tomber dans une telle décadence, que, si une
extrême nécessité n'obligeoit les Arabes à travailler,
dans moins d'un siecle l'Egypte se trouveroit réduite
à un aussi triste état que la petite Barbarie, au voisinage des cataractes, où on ne laboure et ne cultive
guere que l'espace de vingt à trente pas de terrain au
bord du fleuve.

Ces moyens consistent en des digues et en des
calischs (khalidje) ou canaux, que l'on coupe ou
creuse dans les endroits où le bord du Nil est bas.
On les conduit jusqu'aux montagnes, au travers des
provinces entieres ; de sorte que, quand le Nil croît,
ses eaux entrent dans ces calischs (khalidje), qui
les introduisent au dedans du pays à proportion de la
hauteur du fleuve.

Quand il est crû à son point et qu'il a répandu ses
eaux sur la surface de la terre, c'est alors qu'on pense
à les retenir durant quelque temps afin que les terres
aient le loisir de s'abreuver suffisamment. Pour cet

effet on pratique des digues appelées gisser (djisr),
qui empêchent que l'eau ne s'écoule, et l'arrêtent autant de temps qu'on le juge à propos. Enfin, quand
la terre est assez arrosée, on coupe le gisser (djisr)
pour faciliter l'écoulement des eaux.

Tout le bonheur et le bien d'une province dépendent
de la bonne direction des calischs (khalidje): mais
comme un chacun cherche à en tirer du profit, jusques-
là que le bey de Gize (Djyzah) en retire actuellement
plus de 5oo bourses par an, les calischs (khalidje) tombent çà et là dans une grande décadence, ce qui est
cause que la fertilité de la terre diminue à proportion.

La conquête de l'Egypte, faite dans une seule campagne par Sélim I, empereur des Turcs, le rendoit
entièrement maître de ce royaume, mais ne lui donnoit pas une entiere sureté de l'obéissance de ses habitants. La haute Egypte sur-tout, qui n'avoit point
senti la force du bras du vainqueur et qui étoit gouvernée par plusieurs princes arabes, ne l'avoit re-
connu pour maître que dans la vue d'éviter la déso-
lation du pays. Le conquérant ne l'ignoroit pas; et il
jugeoit bien que ceux que sa présence tenoit sous le
joug lui échapperoient bientôt lorsqu'il se seroit retiré, à moins qu'il n'y mît ordre en y établissant une
forme de gouvernement capable de lui assurer la possession du pays et de le défendre en cas de besoin.

Depuis la fondation de la monarchie ottomane on
avoit pour maxime générale à la Porte qu'en fait de
gouvernement il ne falloit pas trop s'attacher aux regles

de l'équité, et qu'on devoit plutôt se porter aux dernieres cruautés que de souffrir la moindre offense faite au pouvoir souverain.

Sélim étoit de caractere à suivre au pied de la lettre cette maxime barbare de ses ancêtres ; mais comme il ne voyoit pas l'Egypte suffisamment subjuguée et que lui-même étoit appelé ailleurs avec ses troupes, il jugea que, pour se délivrer de toute crainte et pour prévenir les révolutions, il convenoit d'établir une forme de gouvernement de nature à pouvoir réduire, avec le temps, ce royaume au point qu'il souhaitoit par le moyen du peu de Turcs qu'il laisseroit dans le pays.

Pour cet effet il créa un bacha, à qui il déféra le gouvernement entier de l'Egypte. Le pouvoir de cet officier étoit despotique, et il n'avoit à rendre compte de sa conduite qu'à l'empereur seul, selon le bon plaisir de qui il devoit être changé, ou d'année en année, ou de deux en deux ans. Vingt-quatre beys furent établis en même temps. Leur charge consistoit à gouverner les provinces, où ils agissoient aussi despotiquement que le bacha dans tout le royaume. Ils étoient à la nomination du bacha, qui avoit droit de les rappeler, comme lui-même pouvoit l'être par la Porte ottomane. Un d'eux étoit obligé d'accompagner le carats (kharadje) ou tribut du royaume que l'on envoie tous les ans à Constantinople : un autre étoit tenu de conduire la caravane à la Mecque ; et ceux qui se trouvoient hors d'emploi devoient assister

une fois par semaine au divan ou conseil du bacha,
afin d'y apprendre les ordres du grand-seigneur et
d'y convenir avec le bacha des moyens les plus faciles et les plus prompts pour mettre ses ordres à
exécution. Au cas que l'Egypte envoyât son contingent ou d'autres troupes à l'empereur, quelques beys
devoient les commander; et la charge de grand-chan-
celier ne pouvoit être exercée que par l'un d'eux.
Le titre de *Bey* ou *Beg* leur restoit toute leur vie ;
mais les diverses charges qu'on leur confioit n'étoient
que pour un temps, et selon le bon plaisir du bacha.

Il semble, par ce qui vient d'être dit, qu'en Egypte
le pouvoir souverain est entre les mains du bacha ,
et que tout autre commandement est partagé entre
les divers beys : mais si on fait attention qu'ils ne
sont en charge qu'un ou deux ans, et qu'ils n'ont
point les troupes à leur disposition, il y aura beaucoup à rabattre de cette idée.

Mil ce
d'Egypte

En effet Sélim, après avoir ainsi disposé des premieres
charges du gouvernement et après s'être défait des Ma-
meluks (Mamlouk), introduisit une milice sur le même
pied que celle des Turcs, et la fixa à un certain nombre d'hommes, qui furent pour la plupart levés dans
l'Egypte même , et seulement entre-mêlés de quelques
autres tirés des diverses provinces de l'empire et de
quelques uns des Turcs qui étoient restés dans le pays.
Ces milices furent divisées en différentes classes mi-
litaires, qui sont d'usage dans l'empire ottoman et
qui sont connues sous le nom de *portes*. Mais comme

il n'y a que celles des janissaires et des assaffs Janissaires et assaïfs.
(assappes) qui se fassent considérer, et que les au-
tres même se font passer le plus souvent pour être
d'un de ces deux corps, je les omets volontiers
afin de pouvoir parler plus amplement des deux
portes en question.

Ces deux corps de milice ne different que dans
leur nombre, qui quelquefois même est plus grand
dans l'un que dans l'autre; du reste leur gouvernement et leur discipline se ressemblent entièrement.
Cela n'empêche pas qu'ils ne vivent dans des jalou-
sies continuelles; et, selon toutes les apparences, la
faute vient de la part des janissaires, qui se croyant
plus formidables en deviennent plus fiers; car quoique
par rapport à la valeur ils le cedent beaucoup à ceux
de Constantinople, ils ne laissent pas de se faire
bien de l'honneur de leur nom et de mépriser les
autres corps.

Chaque porte a un aga (âghâ) à sa tête. Cet officier Aga.
n'est point nommé par le bacha, il faut qu'il soit élu par
le corps même et qu'il soit ensuite revêtu du caffetah
(lis. qaftân, *robe*) ou brevet du grand-seigneur. Il se
mêle uniquement des intérêts de sa porte, il assiste
au grand divan, il préside au conseil de son propre
corps, et il a sous lui de moindres officiers appelés
kiaja ou kieche (kiâyâ ou kikhyâ), et sious (tchaouchs).

On entend par kiaja ou kieche une espece de co- Kiaja ou kieche.
lonels qui entrent encore au divan du bacha, et sont
quelquefois des gens de grande importance. Ils for-

ment ensemble une compagnie, et deux d'entre eux sont choisis chaque année pour vaquer aux affaires de leur porte.

Sious. Les sious (tchaouch) ou têtes noires sont de moindres officiers, qui ne laissent pas cependant d'avoir leur part dans le gouvernement, selon l'intérêt qu'ils y savent prendre. Il y en a dans chaque porte quelques centaines.

Ce seroit ici sans doute le lieu de distinguer plus particulièrement les charges que je viens de nommer et d'en faire connoître au juste les différents devoirs; mais, outre que je n'ai nulle intention d'entrer dans un plus grand détail sur leur compte, j'avoue franchement que je n'ai pas assez étudié toutes les regles de leur discipline : d'ailleurs mon but est seulement de faire connoître au lecteur ce qui s'est passé dans le temps que j'ai séjourné dans le pays; et peut-être que cela seul donnera une plus juste idée de leur état militaire que toutes les descriptions qu'on en pourroit faire.

Pour achever ce que j'ai à dire en général touchant le gouvernement militaire, j'observerai que Sélim ne trouva pas à propos de conserver dans le pays aucune armée navale, et que par conséquent on n'y en doit point chercher aujourd'hui.

On pourroit presque en dire autant des places fortes : mais comme dans toute l'Egypte il peut encore subsister une demi-douzaine de châteaux fortifiés, il faut bien leur faire l'honneur d'en dire quelques mots, quoiqu'en effet Sélim ait ruiné tout ce qui étoit en état de se défendre.

Ces châteaux ont des garnisons composées de janis-saires et d'assafs (assappes), et ceux qui les comman-dent prennent le titre d'aga (âghâ). Ils ont des subal-ternes nommés *schorbatschies* (*soubádjy*) qui forment avec eux le divan (dywân). Leur pouvoir ne s'étend de droit que sur les forteresses où ils commandent; mais, pour peu qu'ils soient intéressés, ils trouvent adroitement les moyens de passer leurs limites et de s'ingérer dans toutes les affaires du voisinage.

Chaque place a un cadi (qadhy) ou juge, qui termine les procès par des sentences presque toujours en der-nier ressort et sans appel. Il agit pourtant avec quel-que circonspection, de crainte que les parties n'aient des amis assez puissants pour le traduire devant un tribunal supérieur.

Il y a au Caire, outre le cadi, un grand-maître de police nommé huali (waly), qui y fait à-peu-près la même figure que nos grands-prévôts font à l'armée. Les marchés publics, les poids et les mesures sont de sa compétence; et si quelqu'un tombe en contravention, ses satellites savent rendre une prompte justice. Il se promene souvent en personne, tant de jour que de nuit, par la ville; et comme il est accompagné d'une cinquantaine de bourreaux, et qu'il a pouvoir de vie et de mort sans être tenu de rendre compte de ses actions, sa présence impose un très grand res-pect. Heureusement on se peut appercevoir de bien loin de sa venue, chacun a soin alors de se cacher ou de se glisser dans une autre rue.

J'ai déja dit que les beys étoient chargés du gouvernement des provinces : la regle n'est cependant pas si certaine qu'elle ne souffre des exceptions. Plusieurs endroits n'ont que des cacheffs (kiâchef) ou des caymakans (qâymaqâm). Les premiers gouvernent trois ou quatre villages à la fois, et les derniers n'en gouvernent qu'un : mais les uns et les autres y jouissent des mêmes privileges dont jouit un bey dans sa province ; il n'y a de différence qu'en ce que le district des cacheffs ou des caymakans est plus borné.

En fait de religion, l'Egypte est gouvernée par un muffti (moufty) et par les docteurs de la loi. Ce sont eux qui jugent dans les causes spirituelles. Ils prennent encore quelque part au gouvernement séculier ; mais ils ont la politique de se prêter adroitement tantôt à une faction, tantôt à l'autre, restant toujours attachés à celle qui a le dessus, du moins pour tout le temps qu'elle l'emporte sur les autres.

Je ne dois pas oublier de parler des princes arabes, et de dire de quelle façon ils se gouvernent, et quels moyens on emploie pour les réduire à l'obéissance. Ce sont, je l'avoue, deux articles bien critiques et très difficiles à décrire. Je tâcherai pourtant de le faire, et je ne désespere pas d'y réussir en suivant les lumieres que j'ai pu acquérir dans le pays.

Les Arabes qui se trouvent dans le Delta et au dessus du Caire jusqu'à Benesoeff (Benêssouef), se divi-

sent en felaques (fellâhh) et en bedouins (bedouy). Les
premiers sont des paysans qui font leur demeure dans
des villages et qui sont entièrement assujettis au gouvernement. Les autres sont des Arabes distribués en petites troupes, chacune avec un chef qu'ils appellent
schech (cheykh). Ils habitent toujours sous des tentes,
et chaque peloton forme un petit camp. Comme ils n'ont
aucun terrain à eux, ils changent de demeure aussi souvent que bon leur semble. Quand ils se fixent quelque
part pour un certain temps, ils font accord avec le bey,
le cacheff (kiâchef) ou le caymakan (qâymaqâm), et
achetent, pour une année entiere, la permission de cultiver une certaine portion de terre, ou d'y faire paître
leurs troupeaux pour le temps dont ils sont convenus. Ils
y demeurent alors tranquillement, vont et viennent
dans les villages ou villes voisines, vendent et achetent
ce que bon leur semble, et jouissent de toute la liberté
qu'ils peuvent desirer: ils sont même moins vexés que les
autres sujets du grand-seigneur; car, comme ils n'ont
rien, on ne sauroit rien leur prendre; et si on pré-
tendoit les toucher d'ailleurs, la chose entraîneroit
sans doute de dangereuses conséquences.

Ce seroit un grand avantage pour l'Egypte si tous
les Arabes vouloient agir aussi régulièrement que ceux
dont il vient d'être parlé : le pays, qui ne manqueroit
plus de laboureurs, se verroit cultivé, les officiers du gouvernement recevroient exactement les tributs, et pourroient subvenir d'autant plus aisément à ceux qu'ils
sont tenus de payer au grand seigneur : mais ces be-

douins sont trop volages et quelquefois trop frippons
pour mener long-temps une vie si unie. Quand ils
ont fait quelque escapade et qu'ils craignent la justice,
ou quand on leur a fait du tort, ils plient d'abord ba-
gage, décampent, et complotent avec d'autres camps.
Ils grossissent ainsi leur nombre, et après s'être choisi
un bon chef ils vont prendre quartier dans tel endroit
du pays qu'ils le jugent à propos : ils ne prennent plus
soin alors de cultiver le terrain, ils moissonnent seulement ce qu'ils y trouvent. Les gouverneurs cherchent d'abord à s'y opposer et les réduisent quelquefois ; mais le plus souvent ces bedouins leur résistent et
ne se retirent point qu'ils n'aient tout désolé. Ces pil-
lages ruinent les felaques (fellâhh), qui se voient hors d'é-
tat de payer leur tribut ; et comme le grand-seigneur ne
connoît point de non-valeur, c'est au bacha ou aux
autres officiers à trouver les moyens propres pour
ramasser les sommes nécessaires afin de faire bon pour
ceux qui ne peuvent pas payer.

On a presque tous les ans de ces sortes de petites
guerres : lorsqu'elles ne sont pas de durée, la perte
que causent les bedouins peut être supportable ; mais
si une de leurs troupes s'est une fois bien établie
dans un endroit, elle fait d'abord beaucoup de tort
aux voisins, et finit par détacher de la jurisdiction
du gouvernement le terrain dont elle s'est emparée,
et elle prétend le posséder sans en payer aucun tribut.

On a divers exemples de ces sortes d'usurpations ;
et même, dans le temps que j'étois en Egypte, il y eut

un de ces schechs (cheykh) de bedouins qui donna
bien de l'inquiétude au gouvernement. Il s'étoit mis
en possession d'un terrain très fertile du côté du mont
Falunth (manfalouth), et il y campoit avec les siens au
nombre de 4 à 5000 hommes. On s'étoit opposé dans le
commencement à son entreprise ; mais comme il avoit
été assez heureux pour remporter quelques avantages
sur le bey de Girge (Djirdjeh), il se trouvoit, de mon
temps, si bien affermi que sa troupe, fixée dans le
lieu, cultivoit tranquillement les terres dont elle s'é-
toit emparée. Le gouvernement fut obligé d'en venir
avec elle à des termes d'accommodement afin d'empêcher qu'elle ne s'étendît plus loin, et de faire en sorte
qu'elle laissât ses voisins en repos. Ces nouveaux sujets ne paient tribut qu'à leur chef seul ; et c'est
une perte pour le gouvernement, qui se trouve privé
du revenu de ces terres.

Les bedouins d'Ouladjeche (Ôulâdâdjyéh) vis-à-vis de
Benesoeff ont une origine semblable. Ils ont su si bien
se maintenir dans les terres qu'ils ont usurpées qu'ils vivent maintenant dans une entiere indépendance. Ils se
sont même rendus si redoutables qu'il n'y a point de
Turc assez hardi pour aller chez eux, les risques seroient trop grands : les Arabes de ce canton ne leur
font aucun quartier ; ils reçoivent tous les transfuges,
et il n'y a ni prieres ni menaces qui puissent les engager à les livrer au gouvernement.

Une autre sorte d'Arabes habite les montagnes vis-
à-vis d'Ell-Guzoue (êl qouzyéh). Ce sont de maîtres frip-

pons qui volent également et sur l'eau et sur la terre. Ils ne sont pas en grand nombre, et le bey de Girge (Djirdjeh) est continuellement à leur poursuite. Malgré cela ils se soutiennent au grand préjudice de la navigation sur la riviere.

J'ai cru qu'il étoit nécessaire de donner cette idée des Arabes, afin qu'on ne les confondît pas avec ceux de la haute Égypte, dont je vais parler maintenant, et qui depuis la conquête de Sélim se sont conservé la possession et même en quelque sorte la souveraineté de leur pays.

Des princes arabes, nommés aussi schechs (cheykh) (1), possedent toute cette partie de l'Egypte qui s'étend des deux côtés du Nil depuis Girge (Djirdjeh) jusqu'à Essuaan (Esswân). Ils sont tributaires du grand-seigneur ; et quand le pere vient à mourir, le fils qui lui succede est obligé de payer au bacha quelques bourses, par maniere de reconnoissance. Cela s'appelle *acheter les terres de son pere mort.* Si un pere cede de son vivant des domaines à son fils, celui-ci n'est point tenu à ce paiement tant que son pere est en vie.

Ces princes regnent en souverains sur leurs sujets, et sont si jaloux de leur pouvoir qu'ils ne souffrent pas que le bey de Girge (Djirdjeh) entre sur leurs terres

---

(1) Ce mot arabe signifie littéralement vieillard, et répond parfaitement au *senior* des Latins, dont les modernes ont fait *signor, senor,* seigneur et *sieur.* (L).

sans en avoir premièrement obtenu leur permission ;
et il n'y a point d'exemple qu'ils la lui aient accordée
que pour aller à Kene (Ghéneh), où le bey doit assister à une fête, ou pour se trouver à une conférence
qu'ils souhaitent d'avoir avec lui dans quelque cas
extraordinaire.

On compte un grand nombre de ces princes arabes ;
mais on regarde comme les plus considérables ceux
de Negadi (Nedjadi), d'Achimin (Akhmym), d'Esna,
de Farcinth (Farount), de Nichée (Nikhéh), de Berdis
(Bardys), et d'Uladjeche (Oulâdâdjéch). Ils tiennent souvent des assemblées entre eux, afin de prendre les mesures les plus propres pour leur conservation et pour ré-
gler les différends qui peuvent naître parmi leurs sujets
et entre eux-mêmes. Ils les terminent ainsi souvent à
l'amiable ; mais s'il se trouve des parties trop entêtées,
la dispute se décide alors par une guerre ouverte.

Ils ne permettent point, en cas de guerre entre
eux, que le gouvernement envoie des troupes à l'une
ou à l'autre partie ; ils ne sauroient néanmoins empêcher qu'il ne tire de leurs querelles certains avantages par des voies obliques. En effet, celui qui a du
dessus se peut toujours promettre que les Turcs lui
susciteront de mauvaises affaires et le brouilleront
tellement avec ses voisins qu'il ne pourra jamais se
relever ; et, s'il arrive que tous deux soient épuisés
par la guerre, le gouvernement ne manquera pas d'a-
chever de les accabler.

On entrevoit aisément la politique dont le Turc se

sert pour les réduire, c'est en semant la division parmi eux. Non seulement les différends que ces princes ont entre eux, mais encore les prétentions que les enfants forment quelquefois à la succession de leur pere, donnent prise au Turc et le mettent en état de leur nuire.

Le cas arrivant, par exemple, qu'un pere laisse dix enfants après lui et qu'il n'ait pas fixé la succession sur la tête d'un seul, l'affaire est portée au Caire, où le bacha ne manque pas de décider que la succession sera partagée entre tous les freres. Ceux-ci n'étant jamais contents d'une pareille sentence, et le bacha ne se trouvant pas en état de la faire exécuter par la force, les freres cherchent à soutenir mutuellement leurs prétentions par la voie des armes, et les vainqueurs se voient obligés d'avoir de nouveau recours au bacha pour être confirmés dans la possession de leur domaine ; ce qu'ils n'obtiennent pas sans qu'il leur en coûte beaucoup d'argent. Outre cela le bacha en prend occasion de hausser le tribut que ces princes doivent à la Porte.

Il ne faut pourtant pas s'imaginer que tout cela aille aussi vîte que je viens de le raconter : ces sortes de procès durent quelquefois deux ou trois générations, et, dans cet intervalle, changent souvent de face selon les différentes conjonctures qui surviennent ou dans le gouvernement ou dans le pays. Si le bacha est bien affermi, il sait réveiller à propos de vieilles contestations, ce qui est une source d'argent pour

lui; et si , d'un autre côté, le prince arabe se trouve
dans une bonne situation , il se met fort peu en peine
des difficultés que le bacha ou la régence peuvent lui
faire.

Ceux des princes arabes qui se trouvent assez puissants pour se faire respecter sont ordinairement
flattés et recherchés d'amitié par les beys et par les
autres officiers des portes qui ont quelque part dans
le gouvernement. Les charges de ceux-ci étant sujettes à de fréquentes révolutions, ils tâchent, pendant qu'ils sont en place , de se faire des amis parmi les princes arabes , afin de trouver chez eux une
sûre retraite au cas que la situation de leurs affaires
les oblige de chercher à se mettre en sureté.

VOYAGE

D'EGYPTE ET DE NUBIE.

QUATRIEME PARTIE.

PYRAMIDES D'EGYPTE.

Avant que de quitter le Caire et ses environs, je ne Des pyramides, en général. saurois me dispenser de parler des monuments les plus dignes de la curiosité de ceux qui voyagent en Egypte; j'entends les pyramides, qu'on a mises autrefois au nombre des sept merveilles du monde, et qu'on admire encore aujourd'hui depuis le Caire jusqu'à Meduun (Médoun).

Ces superbes monuments ne se trouvent qu'en Egypte; car quoiqu'on en voie une à Rome, qui a servi de tombeau à C. Cestius, elle ne peut passer que pour une simple imitation, et la moindre de celles d'Egypte la surpasse de beaucoup en grandeur; ainsi elle ne mérite pas qu'on en fasse une exception de la these générale , et elle n'empêche pas qu'on ne puisse dire que les pyramides ne se trouvent qu'en Egypte.

Une autre these générale, c'est qu'en Egypte même on ne voit de pyramides que depuis le Caire jusqu'à Meduun (Medoun). Quelques uns à la vérité ont avancé qu'il y en avoit encore plus loin dans la haute Egypte : mais ou ils ont été trompés par de faux mémoires , ou ils ont voulu , par une gloire mal entendue , faire comprendre qu'ils avoient pénétré dans des quartiers où personne n'avoit été, et y avoient vu ce que personne n'avoit encore découvert.

Les pyramides ne sont point fondées dans des plaines , mais sur le roc, au pied des hautes montagnes qui accompagnent le Nil dans son cours, et qui font la séparation entre l'Egypte et la Libye.

Elles ont toutes été élevées dans la même intention, c'est-à-dire pour servir de sépulture; mais leur architecture tant intérieure qu'extérieure est bien différente, soit pour la distribution, soit pour la matiere, soit pour la grandeur.

Quelques unes sont ouvertes, d'autres ruinées, et la plus grande partie est fermée; mais il n'y en a point qui n'ait été endommagée dans quelqu'une de ses parties.

On conçoit aisément qu'elles n'ont pu être élevées dans le même temps; la prodigieuse quantité de matériaux qui y étoit nécessaire en fait absolument sentir l'impossibilité : la perfection dont les dernieres sont fabriquées le témoigne pareillement , car elles

surpassent de beaucoup les premieres et en grandeur
et en magnificence. Tout ce qu'on peut avancer de
plus positif, c'est que leur fabrique est de l'antiquité
la plus reculée et qu'elle remonte même au-delà des
temps des plus anciens historiens dont les écrits nous
aient été transmis. Ce que ces auteurs disent du
temps de la construction des pyramides est fondé sur
des traditions plus fabuleuses que probables. Une
chose aussi admirable que certaine , c'est qu'elles
subsistent encore de nos jours , quoiqu'on eût déja
perdu l'époque de leur commencement dans le temps
que les premiers philosophes grecs voyagerent en
Egypte.

Si quelqu'un s'avisoit de soutenir que les plus anciennes pyramides doivent avoir été fondées dans le
même temps que la tour de Babel, l'idée sembleroit un
peu hardie : mais les pyramides auroient du moins
cet avantage, qu'elles subsistent encore présentement,
au lieu qu'il nous reste à peine quelques vestiges de
cette ancienne tour.

Il me paroît probable que l'origine des pyramides
a précédé celle des hiéroglyphes; et comme on n'avoit
plus l'intelligence de ces caracteres dans le temps que
les Perses firent la conquête de l'Egypte, il faut absolument faire remonter la premiere époque des pyramides à des temps si reculés dans l'antiquité que la
chronologie vulgaire ait peine à en fixer les années.

Si je suppose que les pyramides , même les dernieres , ont été élevées avant que l'on eût l'usage

des hiéroglyphes, je ne l'avance pas sans fondement. Qui pourroit se persuader que les Egyptiens eussent laissé ces superbes monuments sans la moindre inscription hiéroglyphique, eux qui, comme on l'observe de toutes parts, prodiguoient les hiéroglyphes sur tous les édifices de quelque considération? Or on n'en apperçoit aucun ni au dedans ni au dehors des pyramides, pas même sur les ruines des temples de la seconde et de la troisieme pyramide. N'est-ce pas une preuve que l'origine des pyramides précede celle des hiéroglyphes, que l'on regarde néanmoins comme les premiers caracteres dont on ait usé en Egypte ?

Il regne parmi le peuple qui habite aujourd'hui l'Egypte une tradition qui veut qu'il y ait eu anciennement dans le pays des géants, et que ce furent eux qui éleverent, sans beaucoup de peine, les pyramides, les vastes palais et les temples dont les restes causent aujourd'hui notre admiration.

Cette fable ne mérite guere d'être réfutée, sa fausseté saute aux yeux; mais, pour détruire absolument ce qu'on pourroit dire en sa faveur, j'observerai que si le pays avoit autrefois été peuplé de géants, les entrées des grottes d'où l'on a tiré les pierres pour ces édifices auroient dû être plus grandes qu'elles ne sont; que les portes des bâtiments dont il s'agit, et qui subsistent encore de nos jours, auroient dû pareillement avoir plus de hauteur et de largeur pour en faciliter l'entrée et la sortie à des géants; et que les canaux des pyramides, si étroits qu'à peine un homme de nos jours peut s'y traîner couché sur le ventre, n'auroient été nullement propres pour des hommes d'une stature telle qu'on la suppose.

D'ailleurs rien ne nous donne une plus juste idée de la stature des hommes de ce temps-là que l'urne ou le sarcophage qu'on voit dans la plus grande et la dernière pyramide, la plus proche du Caire. Cette preuve existante et incontestable détruit toutes les idées extravagantes qu'on se pourroit former de ces géants; elle fixe la grandeur du corps du prince pour qui la pyramide a été bâtie; et les canaux de cette pyramide font connoître que les ouvriers n'ont pas été plus grands que le prince, puisque l'entrée et la sortie suffisent à peine pour donner passage à des hommes de taille ordinaire.

Les principales pyramides sont à l'est-sud-est de Gize (Djyzah), village situé sur la rive occidentale du Nil, comme je l'ai déja remarqué ci-devant: et comme plusieurs auteurs ont prétendu que la ville de Memphis étoit bâtie dans cet endroit, cela est cause qu'on les appelle communément *les pyramides de Memphis.*

Il y en a quatre qui méritent la plus grande attention des curieux: car, quoiqu'on en voie sept à huit autres aux environs, elles ne sont rien en comparaison des premieres, sur-tout depuis qu'elles ont été ouvertes et presque entièrement ruinées. Les quatre principales sont presque sur une même ligne diago-

Pyramides situées au près du Caire.

Planche
XLI.

nale, et distantes l'une de l'autre d'environ quatre
cents pas. Leurs quatre faces répondent précisément

Planche
XLII.

aux quatre points cardinaux, le nord, le sud, l'est,
et l'ouest. J'ai donné deux vues de ces anciens monuments ; l'une prise d'Atter-ennabi (A'ther ên-naby)
ou de la grande mosquée de Deiretiin (Déïr êt tyn),
l'autre tirée de la maison du Kaimakan (Qâymaqâm)
à une lieue de distance.

Les deux pyramides les plus septentrionales sont
les plus grandes et ont 500 pieds de hauteur perpendiculaire. Les deux autres sont bien moindres ; mais
elles ont quelques particularités qui sont cause qu'on
les examine et qu'on les admire.

Planche
XLIV.

Le plan des pyramides que j'ai levé, et où j'ai représenté au juste leur situation avec leurs environs,
fait voir de quelle maniere elles sont élevées sur le
roc au pied des montagnes. Le roc ne s'étant pas
trouvé par-tout égal, on l'a applani avec le ciseau,
comme on le découvre en plusieurs endroits ; et cette
plaine artificielle a un talut du côté du nord et du
côté de l'orient, ce qui favorisa de ce dernier côté la
construction de diverses levées qui donnoient le moyen
de transporter commodément les matériaux nécessaires pour les pyramides. Cette plaine peut avoir
quatre-vingts pieds d'élévation perpendiculaire au-dessus de l'horizon des terres, qui sont toujours inondées du Nil, et elle a une lieue danoise de circonférence.

Quoique cette plaine soit un roc continuel, elle est

pourtant presque par-tout couverte d'un sable volant
que le vent y apporte des hautes montagnes des environs. On trouve dans ce sable quantité de coquillages et d'huîtres pétrifiés; chose d'autant plus sur-
prenante que le Nil ne monte jamais assez haut pour
inonder cette plaine; outre que, quand il y parvien-
droit, il ne pourroit pas en être regardé comme la
cause, puisque ce fleuve ni ne roule ni n'a même
dans tout son cours aucuns coquillages : d'ailleurs
on auroit à demander d'où viennent ces coquillages
de la même espece que l'on trouve sur les pyramides
mêmes. M. Scheuezer auroit, je pense, de la peine
à conjecturer ici que ce sont des restes de déluge
universel; dans ce cas-là il seroit obligé de dire que
les pyramides auroient pu se soutenir contre un déluge si terrible : le miracle ne lui paroît-il pas trop grand?
J'ajouterai que dans ce quartier on trouve de ces cé-
lebres cailloux qui, par la singularité de leurs couleurs, sont beaucoup plus estimés que l'agate, et
dont on fait au Caire des tabatieres et des manches
de couteaux.

La plus septentrionale de ces grandes pyramides
est la seule qui soit ouverte; et comme c'est celle
qu'on rencontre la premiere, je commencerai par elle
ma description, après quoi j'examinerai ce qui se
présente de plus remarquable dans les autres.

On connoît si bien la figure d'une pyramide qu'il
seroit superflu de s'arrêter à la décrire : j'observerai
néanmoins en passant que c'est la figure la plus solide

qu'il soit possible de donner à un corps de bâtiment.
Il n'y a pas moyen de la ruiner si on ne commence
par le dessus ; elle pose sur des pieds trop fermes pour
l'attaquer de ce côté-là , et quiconque l'entreprendroit
y trouveroit autant de peine qu'on en a eu à l'élever.

Il faut être bien près de cette pyramide septentrionale et pour ainsi dire mesurer sa propre grandeur
avec elle pour pouvoir discerner l'étendue de cette
masse énorme. Elle est , ainsi que les autres tant
grandes que petites , sans fondements artificiels : la
nature les lui fournit par le moyen du roc, qui en lui-
même est assez fort pour supporter ce poids qui véritablement est immense.

L'extérieur de la pyramide est pour la plus grande
partie construit de grandes pierres quarrées taillées
dans le roc qui est le long du Nil, et où l'on voit encore aujourd'hui les grottes d'où on les a tirées. La
grandeur de ces quartiers de pierres n'est pas égale ,
mais ils ont tous la figure d'un prisme. L'architecte
les a tous fait tailler de la sorte pour les mettre l'un sur
l'autre et pour qu'ils fussent comme collés ensemble. On
diroit que chaque rang doit former un degré autour de
la pyramide : mais il n'en est pas ainsi en effet; l'architecte a seulement observé la figure pyramidale ,
sans s'embarrasser de la régularité des degrés.

Ces pierres ne sont pas à beaucoup près si dures
qu'on pourroit se l'imaginer puisqu'elles ont subsisté
si long-temps : elles doivent proprement leur conservation au climat où elles se trouvent , qui n'est pas

sujet à des pluies fréquentes. Malgré cet avantage
même on observe, principalement du côté du nord,
qu'elles sont vermoulues : aussi s'en faut-il de beaucoup que ces pierres-là ne soient aussi dures que celles
de Brême et de Bentheim. Leurs diverses assises exté-
rieures ne sont jointes que par le propre poids des
pierres, sans chaux, sans plomb, et sans ancres
d'aucun métal. Mais, quant au corps de la pyramide,
qui est rempli de pierres irrégulieres, on a été obligé
d'y employer un mortier mêlé de chaux, de terre
et d'argile : on le remarque clairement à l'entrée du
second canal de cette premiere pyramide, qu'on a
forcé pour l'ouvrir.

On n'apperçoit pas la moindre marque qui prouve
qu'elle ait été revêtue de marbre ; car, quoique certains voyageurs l'aient conjecturé en voyant le sommet de la seconde pyramide revêtu de granit, il y a
d'autant moins d'apparence à cela qu'on ne trouve
pas aux degrés le moindre reste du granit ou du marbre, et qu'il n'auroit pas été possible de l'enlever de
maniere qu'il n'en demeurât rien. Il est vrai qu'autour de la pyramide et autour des autres on apperçoit
quantité de petits morceaux de granit et de marbre
blanc ; mais il ne me paroît pas que cela prouve que
les pyramides en aient été revêtues. On avoit employé
ces sortes de matériaux au dedans, et à des temples
qui étoient au dehors : ainsi il est plus naturel de présumer que ces restes viennent plutôt du travail des
pierres pour les employer, ou de la ruine des temples,

que des marbres qu'on auroit détachés par force du revêtement des pyramides.

Celle que je décris est à 3 heures de chemin du vieux Caire. Pour y aller lorsque le Nil est bas, on passe l'eau près de l'isle de Rodda (Roudhah), et l'on se fait transporter à Gize (Djyzah) par le moyen d'une barque; la distance n'est que d'une portée de fusil : on fait le reste du chemin par terre. Mais quand les eaux sont accrues à leur plus haut degré, on peut aller par eau du vieux Caire même jusqu'au roc sur lequel sont bâties les pyramides.

Son entrée est du côté du nord. A ses quatre angles on connoît aisément que ses pierres les plus basses sont les premieres pierres angulaires et fondamentales; mais de là jusqu'au milieu de chaque face le vent a formé un glacis de sable qui, du côté du nord, monte si haut qu'il donne la facilité de parvenir commodément jusqu'à l'entrée de la pyramide.

Cette entrée, de même que celles de toutes les autres, a été pratiquée sous la doucine de la pyramide, environ à 48 pieds au-dessus de l'horizon, et un peu plus à l'est qu'à l'ouest: pour la découvrir on a coupé jusques-là la pente de la pyramide.

L'architrave du premier canal qui commence à cette ouverture semble promettre un portail; mais après avoir fait couper, sans trouver par derriere que des pierres semblables à celles dont on s'est servi pour bâtir la pyramide, on a renoncé au dessein de chercher une autre ouverture que celle qu'on avoit déja découverte.

Cette ouverture conduit successivement à cinq différents canaux qui, quoique courant en haut et en bas
et horizontalement, vont pourtant tous vers le midi,
et aboutissent à deux chambres, l'une au-dessous et
l'autre au milieu de la pyramide.

Tous ces canaux, à l'exception du quatrieme, sont
presque d'une même grandeur, savoir de trois pieds
et demi en quarré; ils sont aussi tous d'une même
fabrique, et revêtus des quatre côtés de grandes pierres
de marbre blanc, tellement polies qu'elles seroient
impraticables sans l'artifice dont on s'est servi; et
même, quoiqu'on y trouve présentement de pas en pas
de petits trous coupés pour y assurer les pieds, il en
coûte encore assez de peine pour avancer; et celui
qui fait un faux pas peut compter qu'il retournera à
reculons, malgré lui, jusqu'à l'endroit d'où il est parti.

On prétend que tous ces canaux ont été fermés,
et remplis de grandes pierres quarrées qu'on y avoit
fait glisser après que tout l'ouvrage avoit été achevé.
Ce qu'il y a de bien certain, c'est que le bout du
deuxieme canal a été fermé, car on voit encore deux
grands carreaux de marbre qui lui ôtent la commu-
nication avec le premier canal : mais, à dire le vrai,
il n'est pas assez grand à l'entrée pour y faire passer
un homme, et encore moins pour y faire glisser une
aussi grande quantité de grosses pierres nécessaires
pour boucher les autres canaux.

Quand on a passé les deux premiers, on rencontre
un reposoir qui a, à main droite, une ouverture

pour un petit canal ou puits, dans lequel on ne rencontre, à l'exception d'un autre petit reposoir, que des chauves-souris. Après y avoir souffert beaucoup d'incommodités, on a le désagrément de ne point voir sa derniere sortie à cause du sable qui la bouche.

Du premier reposoir dont j'ai parlé le troisieme canal mene à une chambre d'une grandeur médiocre, remplie à moitié de pierres qu'on a tirées de la muraille à la droite pour y ouvrir un autre canal qui aboutit près de là à une niche. Cette chambre a une voûte en dos-d'âne et est par-tout revêtue de granit, autrefois parfaitement poli, mais aujourd'hui extrêmement noirci par la fumée des flambeaux dont on se sert pour visiter cette chambre.

Après être retourné par le même chemin, on grimpe jusqu'au quatrieme canal, pourvu de banquettes de chaque côté : il est très haut et a une voûte presque en dos-d'âne.

Le cinquieme canal conduit jusqu'à la chambre supérieure; et, avant que d'y arriver, on trouve au milieu du canal un petit appartement un peu plus haut que le canal, mais qui n'est pas plus large : il a de chaque côté une incision pratiquée dans la pierre, apparemment pour y faire couler celles qui étoient destinées à fermer l'entrée de la chambre, qui, comme la précédente, est revêtue et couverte de grandes pierres de granit.

On trouve au côté gauche une grande urne, ou, pour mieux dire, un sarcophage de granit, qui a simplement la figure d'un parallélépipede, sans aucun ornement d'ailleurs. Tout ce qu'on en peut dire, c'est que cette piece est fort bien creusée, et qu'elle sonne comme une cloche quand on la frappe avec une clef.

Au nord du sarcophage on apperçoit un trou assez profond, fait depuis que le bâtiment de la pyramide est achevé. La raison n'en est pas connue ; il est pourtant à présumer, avec bien de la vraisemblance, qu'il s'est trouvé au-dessous quelque cavité, car il semble que le pavé est tombé de lui-même après que le fondement de la chambre aura été enfoncé.

Il n'y a pas autre chose à voir dans cette chambre, si ce n'est deux fort petits canaux, l'un du côté du septentrion, l'autre du côté du midi. Il n'est pas possible de déterminer leur usage ni leur profondeur, parcequ'ils sont bouchés de pierres et d'autres choses que les curieux y ont jetées pour tâcher de connoître jusqu'où ils vont.

Les trois autres grandes pyramides, comme je l'ai déja remarqué ci-dessus, sont situées presque sur la même ligne que la précédente, et peuvent être à environ cinq à six cents pas l'une de l'autre.

Les trois autres pyramides.

Celle qui est la plus proche de la premiere, et qu'on appelle communément la seconde, paroît plus haute que la premiere ; mais cela vient du fondement qui se trouve plus élevé, car d'ailleurs elles sont toutes deux de la même grandeur. Elles sont aussi entièrement semblables, et ne different guere entre elles

Deuxieme pyramide.

qu'en ce que la seconde est si bien fermée qu'on n'y apperçoit pas le moindre indice qui témoigne qu'elle ait été ouverte. Son sommet est revêtu des quatre côtés de granit, si bien joint et si bien poli, que l'homme le plus hardi n'entreprendroit pas d'y monter. On voit, il est vrai, çà et là des incisions dans les pierres ; mais comme elles ne sont pas pratiquées à des distances égales et ne continuent pas assez haut, c'en est assez pour faire perdre l'envie qu'on auroit d'essayer d'y monter.

Du côté de l'orient on voit les ruines d'un temple dont les pierres sont d'une grandeur prodigieuse ; et du côté de l'occident, à environ trente pieds de profondeur, il y a un canal creusé dans le roc sur lequel pose la pyramide ; ce qui fait connoître qu'il a fallu baisser le roc d'autant pour former la plaine.

Troisieme pyramide.   La troisieme pyramide est moins haute que les deux premieres de cent pieds, mais du reste elle leur ressemble entièrement pour la construction. Elle est fermée comme la seconde et sans revêtement. On trouve au nord-est quantité de grandes pierres ; mais il est à croire qu'elles ont plutôt servi au temple qu'à la pyramide. Ce temple, situé du côté oriental comme celui de la seconde pyramide, est plus reconnoissable dans ses ruines que l'autre ; les pierres en sont aussi d'une grandeur prodigieuse , et l'on s'apperçoit que l'entrée étoit du côté de l'orient.

Quatrieme pyramide.   Quant à la quatrieme pyramide, elle est encore de cent pieds moindre que la troisieme. Elle est aussi

sans revêtement, fermée, et semblable aux autres,
mais sans temple, comme la premiere. Elle a pourtant une chose digne d'être remarquée, c'est que son
sommet est terminé par une seule et grande pierre
qui semble avoir servi de piédestal ; du reste elle se
trouve située hors de la ligne des autres, étant un
peu plus à l'ouest.

Ces quatre grandes pyramides sont environnées de
quantité d'autres plus petites, et qui pour la plupart
ont été ouvertes. Il y en a trois à l'orient de la premiere pyramide ; et deux d'entre elles sont ruinées
de maniere qu'on n'y connoît pas même la chambre.
A l'occident de la même pyramide on en trouve un
grand nombre d'autres, mais toutes aussi ruinées.

Vis-à-vis de la seconde pyramide il y en a cinq à
six qui ont aussi été toutes ouvertes ; et dans une
j'ai observé un puits quarré de trente pieds de profondeur : tout le reste est rempli de sable et de
pierres.

Environ trois cents pas à l'orient de la seconde pyramide on remarque la tête du grand et célebre
sphinx, que j'ai eu soin de dessiner.

Planches XLV, XLVI et XLVII.

On découvre aussi aux environs des pyramides des
grottes sépulcrales ; et sur quelques unes d'entre elles
j'ai observé des hiéroglyphes qui prouvent que ces
sépultures n'ont été pratiquées que long-temps après
la fondation des pyramides. Elles sont toutes ouvertes
et dépouillées de ce qu'on leur avoit confié. J'en
visitai plusieurs ; mais je n'y trouvai que la moitié

d'une petite idole, ouvrage de poterie, et tel qu'on en
trouve encore aujourd'hui en grande quantité aux environs des pyramides voisines de Saccara (Ssakharah), dans le quartier qu'on appelle *la Terre des
Momies*.

Pour aller voir ces pyramides, de même que les
autres antiquités de l'Egypte , on choisit la saison de
l'hiver, c'est-à-dire depuis le mois de novembre jusqu'à la mi-avril. C'est là le temps le plus propre, la
campagne se trouve alors desséchée de toutes parts;
au lieu qu'en été, l'inondation du Nil rend la plus
grande partie des antiquités inaccessibles, parcequ'on
manque dans ce pays-là de petits bateaux commodes
pour aller où l'on voudroit.

Une autre raison rend encore la visite des antiquités difficile et même périlleuse pendant l'été ; c'est
que les Arabes descendent dans cette saison des montagnes afin de camper le long du Nil : et comme la
justice n'a pas alors la liberté de les approcher, ils
ne se font pas une peine de dépouiller les étrangers.

Quand on entreprend en hiver d'aller visiter les
pyramides, on s'attache à se former une compagnie,
tant pour faire cette promenade avec plus d'agré-
ment que pour être en état de mieux observer toutes
choses. Ceux qui y ont déja été donnent de l'émula-
tion à l'étranger par leurs discours, et l'aident à faire
de plus exactes recherches qu'il ne feroit s'il étoit
seul. A la vérité on est exposé à entendre quelquefois
des raisonnements bien absurdes ; il y a pourtant

toujours à y profiter pour une personne en état de faire le discernement de ce qu'on lui débite.

Si l'on part du Caire, on fait cette promenade en un jour ou deux ; et, supposé qu'on la veuille faire en deux, on part monté sur des ânes, pour chacun desquels on paie onze parats (1). On traverse ainsi la ville ; on passe ensuite le calisch (khalydje), qui dans cette saison se trouve à sec : on traverse encore l'isle de Rodda (Roudhah), où, du côté gauche et derriere le Mokkias (Miqyâs), on prend une barque, dans laquelle on fait entrer aussi les ânes. On va débarquer à à Gize (Djyzah), village vis-à-vis du Caire. On ne s'y arrête point ; on avance tout de suite jusqu'à une lieue de là, où on loge chez le kaimakan (qâymaqâm) (2), qui a toujours quelques chambres à donner. On y passe la nuit, quoique fort mal, car on n'y trouve ni lits, ni aucunes autres commodités ; outre cela on y est persécuté par les punaises : mais une nuit est bientôt passée, et on s'accommode comme on peut.

Le lendemain matin, après avoir payé un sequin (3) pour une si misérable auberge, on prend la route des pyramides. Cependant, avant que d'y arriver, on passe

---

(1) Environ 16 sous. Le parat ou pârah ne vaut que 18 deniers, quoique Norden l'évalue deux sous de France. Id. p. 89. (*Langl.*)

(2) Ce mot signifie proprement lieutenant. Le qâymaqâm représente le pâchâ ou le bey dans la ville ou le village qu'il habite ; ainsi on peut juger de son autorité. (*Langlès.*)

(3) 7 livres 10 sous de notre monnoie. (*Langl.*)

par un autre petit village auprès duquel il y a ordinairement un camp d'Arabes. On en prend avec
soi deux qui aient la connoissance des pyramides, et
on continue ensuite son chemin jusqu'à ce qu'on soit
arrivé au pied des montagnes près desquelles sont
situées les pyramides; alors on met pied à terre pour
achever le reste du chemin.

Quand on se trouve à l'ouverture de la premiere
pyramide, on tire quelques coups de pistolet pour en
chasser les chauves-souris, après quoi on fait entrer
les deux Arabes afin d'écarter le sable qui bouche
presque entièrement le passage.

Au bout de ces préambules nécessaires on a la
précaution de se déshabiller entièrement, et l'on ôte
jusqu'à la chemise, à cause de l'excessive chaleur
qui regne dans la pyramide. On entre en cet état
dans ce canal : chacun a une bougie à la main; car
on n'allume point les flambeaux que l'on ne soit dans
les chambres, crainte de causer trop de fumée.

Lorsqu'on est parvenu à l'extrémité du canal, où le
passage est forcé, on trouve une ouverture qui a à
peine un pied et demi de hauteur et deux pieds de
largeur. C'est pourtant par ce *pertuis* qu'on est obligé
de passer en rampant. Le voyageur se couche ordinairement par terre, et les deux Arabes qui ont pris
les devants saisissent chacun une de ses jambes, et
l'entraînent ainsi par ce difficile passage au travers
du sable et de la poussiere. Heureusement ce passage
n'est que de deux aunes de longueur, autrement ce

travail seroit insupportable pour quelqu'un qui n'y seroit pas accoutumé.

Après qu'on a passé ce détroit on rencontre une grande place, où ordinairement on prend haleine en usant de quelques rafraîchissements : cela donne le courage de pénétrer dans le second canal, qui est bien respectable.

Ces canaux, comme je l'ai déja dit, sont très glissants : heureusement on y a taillé de pas en pas des trous ronds, qui font qu'on avance assez commodément quoique toujours courbé.

Au bout de ce second canal il y a un reposoir, à la droite duquel est l'ouverture qui donne l'issue dans le puits, non par le moyen de quelques degrés, mais par un tuyau perpendiculaire et à-peu-près comme les ramonneurs descendent dans une cheminée.

A l'extrémité du reposoir commence le troisième canal, qui conduit à la chambre inférieure. Il court horizontalement et en ligne droite. On rencontre au devant de la chambre quelques pierres dont le chemin est embarrassé ; mais on surmonte pourtant cette difficulté, quoiqu'avec un peu de peine.

Tout le dedans de la chambre est pareillement couvert de pierres ; et quiconque prétendroit examiner le chemin d'où on les a tirées s'exposeroit presque à la même cérémonie qui se fait en passant du premier canal au second, car c'est un passage forcé, étroit et peu fréquenté. Il n'y a que très peu de personnes qui aient la curiosité d'y entrer, d'autant qu'on sait que le chemin ne va pas loin et qu'il n'y a rien à voir qu'une niche.

Lorsqu'on a fait la visite de la chambre inférieure, on retourne sur ses pas, le long du canal horizontal, pour regagner le reposoir, qui prive le quatrieme canal de son angle aigu par lequel il touchoit au second canal, et oblige de monter en s'accrochant avec les pieds à quelques entailles faites de chaque côté du mur. C'est de cette maniere que l'on gagne le quatrieme canal, qui va en montant : on s'y glisse en rampant; car, quoiqu'il ait vingt-deux pieds de hauteur et des banquettes de chaque côté, il est pourtant si roide et si glissant, que si on vient à manquer les trous creusés pour faciliter la montée, on glisse à reculons et on retourne malgré qu'on en ait jusqu'au reposoir.

Ces difficultés surmontées, on se repose un peu au bout du canal, où l'on rencontre une petite plate-forme : il faut ensuite recommencer à grimper. Cependant, comme on trouve d'abord une nouvelle ouverture où l'on peut se tenir debout, on oublie bientôt cette peine pour contempler cette espece d'entre-sol, qui d'abord n'est que d'une palme plus large que les canaux, mais s'élargit ensuite des deux côtés ; et enfin, en se baissant pour la derniere fois, on passe le reste du cinquieme canal, qui conduit en ligne horizontale au salon supérieur dont j'ai donné ci-devant la description.

Quand on est dans ce salon on tire ordinairement quelques coups de pistolet pour se donner le plaisir

d'entendre un bruit pareil à celui du tonnerre ; et
comme on perd alors l'espérance de rien découvrir
au-delà de ce que les autres ont déja remarqué , on
reprend le chemin par où l'on est venu, et l'on s'en
retourne de la même maniere ainsi qu'avec la même
peine , sur-tout à cause de la quantité de pierres et
de sable qui embarrassent l'entrée.

Dès que l'on est sorti de la pyramide on s'ha-
bille, on se couvre bien, et on boit un bon verre de
liqueur , ce qui préserve de la pleurésie que le changement subit d'un air extrêmement chaud à un air
plus tempéré pourroit causer ; ensuite, quand on a
repris sa chaleur naturelle, on monte sur la pyramide,
afin de contempler de là le paysage des environs qui
charme la vue : on y apperçoit , ainsi qu'à l'entrée
et dans les chambres , les noms de quantité de personnes qui ont visité, en différents temps, cette pyramide , et qui ont voulu transmettre à la postérité le
souvenir de leur voyage.

Après avoir bien considéré cette première pyramide on prend congé d'elle, et on s'approche de la
seconde , qu'on a bientôt expédiée parcequ'elle n'est
pas ouverte. On y contemple les ruines du temple
qu'elle a du côté de l'orient ; et en descendant insensiblement on arrive au sphinx, dont on admire la grandeur énorme, en concevant une sorte d'indignation pour
ceux qui ont eu la brutalité de maltraiter étrangement
son nez. On visite de même les autres pyramides tant
grandes que petites, et les grottes du voisinage.

Si l'on veut encore une autre matiere à satisfaire sa curiosité, on n'a qu'à s'approcher des ponts antiques, dont j'ai dessiné les plans, les coupes et les profils, et qui sont situés à l'est-quart-nord de Gize (Djyzah) et au nord-quart-ouest des pyramides. Ils sont élevés dans une plaine tous les ans inondée dans le temps du débordement des eaux du Nil, à environ une demi-lieue des montagnes et à égale distance de la premiere pyramide.

Ces ponts sont au nombre de deux. Le premier s'étend du nord au sud, et le second de l'est à l'ouest. On n'en connoît point aujourd'hui l'usage. Leur situation dans une campagne qui n'est pas plus exposée aux eaux que les autres plaines donne quelque surprise; et il n'est pas possible d'imaginer la cause de leur fondation, à moins de supposer qu'il y a eu autre-fois un calisch (khalydje) dans cet endroit-là.

Leur fabrique et les inscriptions qu'on y lit témoi-gnent que ce sont des ouvrages des Sarrasins. Celui qui va du nord au sud a dix arches sur 241 pieds de longueur et 20 pieds 4 pouces de largeur; leur hau-teur au-dessus de l'horizon est de 22 pieds. Ils sont faits de grandes pierres de taille à-peu-près aussi molles que celle de Bentheim.

Ces deux ponts, distants l'un de l'autre de 400 pas, se joignent par une muraille de briques en façon de digue, et qui reprend à l'extrémité de chaque pont, mais n'aboutit à rien.

Quand on a fini d'examiner toutes ces antiquités,

on s'en retourne à la ville de la même maniere qu'on étoit venu, si ce n'est qu'on fait la route tout de suite sans s'arrêter nulle part.

On a toujours soin dans cette promenade de se faire accompagner par un janissaire. Quoiqu'il ne rende pas grand service, sa présence inspire cependant au peuple de certains égards, et sert du moins à s'épargner la peine de se détourner du chemin pour le céder à ceux qu'on peut rencontrer. On lui paie pour ce voyage un *fendoucli* (1) ou un sequin. Les Arabes qui ont accompagné les voyageurs sont bien payés quand on donne à chacun vingt parats ; de sorte que cette promenade peut coûter en tout quatre sequins pour toute la compagnie, sans y comprendre les provisions de bouche, dont il ne faut pas oublier de se munir, car c'est un hasard si on trouve dans les villages autre chose que du beurre et des œufs.

Au cas qu'on veuille faire la promenade dans un seul jour, la chose est possible ; il faut pour cela partir de grand matin du Caire et ne point s'arrêter en chemin : on peut visiter commodément tout ce qu'il y a à voir et retourner même de bonne heure au Caire. La dépense alors ne montera guere qu'à la moitié. J'ai pratiqué l'une et l'autre de ces manieres, et la derniere m'a plu davantage ; car quoiqu'on n'ait pas autant de temps de reste que quand on fait la promenade en deux jours, on en a toujours assez,

____

(1) Ou *fondouqly*, environ sept livres argent de France. (L.)

et il n'y a rien qui passe les forces d'un voyageur.
Pour moi j'aimerois mieux y aller deux fois de cette
maniere qu'une fois de l'autre.

*Pyramides
de Dagjour.*

Pour n'en point faire à deux fois, je joindrai ici la
description des pyramides de Dagjour (Dâkhchour),
nom que l'on donne à toutes les pyramides qui sont
au midi de celles de Memphis, quoique les unes ne
soient proprement qu'une suite des autres.

Les pyramides de Dagjour (Dâkhchour) finissent
auprès de Meduun (Médoun), où se trouve la plus méridionale de toutes: plus on en est éloigné, plus elle
frappe la vue; mais quand on en approche de près,
elle ne paroît pas de grande conséquence, n'étant
bâtie que de grandes briques cuites au soleil: c'est la
raison pourquoi les Arabes et les Turcs l'appellent
communément *la fausse pyramide.* On la découvre
de fort loin, et d'autant plus distinctement qu'elle
n'est pas si près des montagnes, ni dans le voisinage
des autres pyramides. Elle est élevée sur une petite
colline de sable. Ses quatre côtés sont égaux et descendent en pente jusqu'à l'horizon en forme de glacis.
Elle a trois à quatre degrés, dont le plus bas peut
avoir vingt pieds de hauteur perpendiculaire.

Cette pyramide n'a point été ouverte, et elle sera
sans doute désormais à l'abri de cette insulte, parcequ'elle n'a que très peu d'apparence; l'envie ne
viendra, je pense, à personne d'en entreprendre la destruction, qui engageroit à trop de dépenses et de
hasards.

Parmi les autres pyramides de Dagjour (Dâkhchour),
dont la plus grande partie est située près de Sakarra
(Ssakharah), il n'y en a que deux qui méritent quelque attention, car les autres ne sont pas bien grandes.
L'une de celles-là a été ouverte; mais comme on peut
considérer avec plus de sureté et avec plus de commodité l'intérieur de la grande pyramide voisine du
Caire, il y a peu de voyageurs qui s'exposent à aller
visiter celles de Sakarra (Ssakharah). On y en compte
pourtant une vingtaine tant grandes que petites, et
qui ne présentent pas un aspect désagréable.

Ces pyramides sont toutes situées au pied des montagnes, et il semble que la nature ait tout exprès ménagé dans cet endroit une plaine pour cet usage. En
effet, on n'en trouve point dans toute l'Egypte de
pareille; car non seulement elle est fort vaste, mais
elle est encore si élevée au-dessus de l'horizon ordinaire, que le Nil ne l'inonde jamais. Quand on en
considere bien la situation, on se persuade aisément
que c'est à-peu-près l'endroit où étoit bâtie l'ancienne
ville de Memphis; et j'oserois presque conjecturer que
les pyramides dont il s'agit étoient comprises dans
l'enceinte de cette capitale.

Quoi qu'il en soit, les pyramides de Dagjour
Dâkhchour) ne different point de celles qui sont vis-à-
vis du Caire : elles ont pourtant souffert davantage,
puisqu'elles se trouvent beaucoup plus endommagées;
d'où on présume qu'elles sont plus anciennes. Il y en
a deux qui ne cedent point en grandeur à celles du Caire,

mais leur fabrique n'est ni si propre ni si bien entendue que celle des autres. Quelques unes sont bâties perpendiculairement et comme par degrés ou par étages. Il ne seroit pas néanmoins possible d'y monter, à cause que chaque degré ou étage est de 30 à 40 pieds de hauteur.

Planche
LII.

L E T T R E

D E

LOUIS NORDEN

A

MARTIN FOLKES.

M.

J'ai l'honneur de vous adresser les remarques ci-jointes, que j'ai faites, pendant la derniere campagne, sur la Pyramidographie de Greaves (1). Elles sont écrites sans art, et même sans l'assistance de mes dessins, que j'avois fait partir avant que

---

(1) *Pyramidographia*, or *a description of the pyramids in Ægypt*, *by John Greaves*. Ce savant ouvrage, composé d'après le plus scrupuleux examen des monuments mêmes, parut pour la premiere fois à Londres en 1646. *Melchis. Thevenot* en a donné un extrait en françois dans le premier vol. de sa précieuse et rare *Collection de voyages*, Paris, 1687, in-fol. 4 vol. (*Note du citoyen Langlès*).

de m'embarquer. Je n'ai point touché à ses mesures, que je trouve justes pour la plus grande partie;
et dans les endroits où il manque, il ne peche que
pour avoir voulu prétendre à plus d'exactitude
qu'il n'y en pouvoit mettre. Généralement parlant,
je le regarde comme un auteur de mérite ; et ce
que j'ai écrit sur la *Pyramidographie* est plutôt
pour ajouter que pour détruire. Du reste je ne
me suis attaché qu'aux choses dont je me ressou-
venois parfaitement, et j'ai passé sous silence
celles touchant lesquelles j'avois le moindre doute
et où il m'auroit fallu consulter mes papiers. Comme vous êtes un excellent juge dans ces matieres,
j'abandonne mes remarques à votre critique ,
vous priant seulement d'être persuadé que ce
qui me fait le plus de plaisir, c'est de trouver l'occasion de vous témoigner , etc.

A Portsmouth , ce 11 octobre 1740.

REMARQUES

SUR

LA PYRAMIDOGRAPHIE

DE

M. JOHN GREAVES,

CI-DEVANT PROFESSEUR A OXFORD.

PAGE 1, (1). *Of the authors or founders of the pyramids.*
(Des auteurs ou fondateurs des pyramides).

Quoique tous les anciens auteurs qui ont parlé de l'Egypte aient des opinions différentes sur le temps et sur les noms de ceux qui ont fondé les pyramides, il semble néanmoins que les époques de la construction de ces énormes masses doivent remonter plus

---

(1) Le chiffre arabe indique la page de *la Pyramidographie*, insérée dans les *Greaves's miscellaneous works, etc.* édit. de Birch, London, 1743, etc. (*Langlès*).

loin qu'on ne l'a supposé : nous verrons, par les raisons que je vais alléguer, les changements qu'on y peut admettre.

Page 2. *Whereas all these pyramids consist of stone.*

(L'Écriture dit clairement que les Juifs, dans leur esclavage, étoient principalement occupés à pêtrir et à faire cuire des briques; mais, *comme toutes ces pyramides sont en pierres*, je ne crois point que ce soit l'ouvrage des Israélites).

Cela marque que M. Greaves n'a pas pénétré assez avant dans la haute Egypte pour voir la pyramide bâtie de grandes briques cuites au soleil, la même indubitablement dont Hérodote fait Cheops fondateur, et qui est située à quatre lieues du Caire (1).

---

(1) Norden se trompe en citant ici la pyramide construite par *Cheops;* car elle étoit toute en pierres, suivant le témoignage d'*Hérodote.* Ce fut *Asychis* qui fit bâtir la pyramide en briques : on y lisoit cette inscription gravée sur une pierre :

NE ME MÉPRISE PAS EN ME COMPARANT AUX PYRAMIDES DE PIERRES ; JE SUIS AUTANT AU-DESSUS D'ELLES QUE JUPITER EST AU-DESSUS DES AUTRES DIEUX, CAR J'AI ÉTÉ BATIE DE BRIQUES FAITES DU LIMON DU FOND DU LAC (*). *Hérodote, liv. II, chap.* 130.

Le docteur Pococke observe que « la pyramide de briques crues « a été construite indubitablement dans le voisinage de la plaine, à « cause de la brique qui semble avoir été pétrie du limon du Nil,

(*) Il y a mot à mot dans le texte : «Car mettant dans le lac l'extrémité plate de leurs «avirons, tout le limon qui s'y attachoit on le rassembla et on en fit des briques pour me « construire. Telle est la manière dont on s'est servi pour me faire ». Voyez Histoire d'Hérodote, tome II, p. 112 et 440 de la traduction du cit. L'archer. (*Langlès.*)

Quant à ce qui concerne les ouvrages auxquels on appliquoit les Israélites en Egypte, je conviendrai que je n'ai pu rencontrer aucunes ruines de briques cuites au feu. Il y a, à la vérité, une muraille de cette espece, fort enfoncée dans la terre et assez

« car c'est une terre noire, argilleuse, entremêlée de quelques cailloux
« et de coquilles : on a eu soin de lier cette espece de mortier avec
« de la paille hachée ; procédé qu'on emploie encore aujourd'hui en
« Egypte dans la fabrication des briques crues et de plusieurs autres
« morceaux d'argille qui entrent dans la construction de leurs bâti-
« ments. Quelques unes de ces briques ont treize pouces et demi
« de long sur six et demi de large et quatre d'épais ; j'en ai même
« vu de la longueur de quinze pouces sur sept de largeur et quatre
« trois quarts d'épaisseur. J'ai observé que, dans la partie septen-
« trionale de la pyramide, les briques étoient posées en long du
« nord au sud ; mais elles ne conservent point par-tout cette même
« direction, et, d'après des renseignements bien positifs, je puis as-
« surer qu'on ne les a pas placées ainsi pour les lier les unes avec
« les autres. Malgré la dégradation de cette pyramide je ne laissai
« pas de la mesurer, et je trouvai que le côté septentrional avoit
« 157 pieds, l'occidental 210. Les parties qui regardent le levant
« et le couchant sont les plus maltraitées. Le sommet porte 43 pieds
« de long sur 35 de large ; cette masse a 150 pieds de haut. D'après
« la forme qu'elle conserve encore, je jugeai qu'elle avoit été con-
« struite avec cinq degrés comme la pyramide de Saccara, chacun
« desquels devoit avoir 10 pieds de large et 30 de haut. Maintenant
« que les briques sont rongées par les injures du temps, il est aisé
« de monter sur le sommet de cette pyramide. Le sable et les co-
« quilles qui se trouvent dans ces briques me prouvent que ce n'est
« point la pyramide construite par l'extravagant roi *Asychis* ».
Voyez Pococke's *Description of the east*, etc. tom. 1, pag. 53,
(*Note de Templeman*, *traduite par le cit.* Langlès.)

longue, proche des pyramides , et qui joint les ponts des Sarrasins situés dans la plaine ; mais elle paroît trop moderne pour croire que les briques dont elle est formée aient été faites par les Israélites. Tout ce que j'ai vu d'ailleurs en fait de maçonnerie de briques , est de la grande espece des briques cuites au soleil , comme celles de la pyramide dont il vient d'être parlé.

Page 13. *A certain sepulchre* , *being a quadri-lateral pyramid* * . . . .
    * *Diodorus related that over the sepulchre* . . . .

(Strabon, lib. 17, dit qu'à l'extrémité du labyrinthe, qui a une stade de long, il y a un certain sépul-cre * formé par une pyramide carrée, etc. . .
    * Diodore rapporte que sur ce sépulcre il y avoit un cercle d'or de 365 coudées de circon-férence, épais d'une coudée, sur lequel étoient inscrits les jours de l'année , etc.)

Le sépulcre dont il est ici question , et d'où , selon Diodore de Sicile, Cambyse emporta un cercle d'or, est celui d'Osymandyas. Il n'est point dans la pyramide , comme M. Greaves le conjecture, fondé sur le texte de Strabon ; mais, selon toutes les apparences, c'est celui qui subsiste encore tout entier à Lukkoreen (Louqssoryn) , et parmi les ruines de Thebes. Les mu-railles de ce sépulcre, et celles du temple où il est posé, sont couvertes de figures qui représentent le convoi funebre et les sacrifices qui furent faits à la mort de ce prince; comme les ruines des palais et de leurs portiques contiennent les guerres et les faits mémorables de ce même monarque. C'en est assez pour prouver que c'est là , et non pas dans la pyramide , qu'il faut placer son sépulcre. J'ai dessiné le tout sur les lieux, et on peut voir même dans mes dessins l'endroit où le cercle d'or peut avoir été attaché.

Page 23. *Of the time in which the pyramids were built. . . .*
(De l'époque où ces pyramides furent construites).

Je passe par-dessus toutes les conjectures , tant anciennes que modernes , et je me borne à proposer seulement deux points qui me persuadent que le temps de la fondation des pyramides est bien plus reculé que celui qu'on leur fixe communément.

I. Sur quelque pyramide que se soit, on ne trouve , ni en dedans , ni en dehors , aucune figure hiéroglyphique (1). Cependant nous savons que les Egyptiens ne les omettoient jamais : toutes les autres ruines en font foi et en sont couvertes en dehors et en dedans. Il semble donc qu'il y ait lieu de conjecturer que les pyramides même les plus modernes ont été bâties avant que cette sorte d'écriture ait été inventée. Cela supposé et que dès le temps de Cambyse on avoit déja perdu l'intelligence de ces caracteres, je laisse

---

(1) Le P. Vansleb assure avoir trouvé des hiéroglyphes sur quelques pyramides. (*Templeman*).

conjecturer à quelle antiquité il faut remonter l'époque de leur construction. On ne sauroit du moins disconvenir qu'elles n'aient été bâties avant qu'on ait élevé un seul de ces temples ou de ces palais dont nous admirons encore aujourd'hui les prodigieuses ruines.

Ce sentiment une fois admis, on doit pareillement convenir que les pyramides ont été construites avant qu'il y ait eu quelque résidence établie à Memphis, et même avant que cette grande ville ait été fondée. La raison en est qu'elle a été en grande partie formée des ruines de Thebes, qui déja, selon notre supposition, et à cause des hiéroglyphes qui en ornoient les édifices, devoit être postérieure aux pyramides.

II. La seconde preuve de leur ancienneté se tire du marbre granit dont est faite l'urne sépulcrale qu'on voit dans la premiere pyramide, du granit dont les chambres sépulcrales sont revêtues, et de celui dont est couverte la cime de la seconde pyramide. Toutes ces pierres ne sont pas seulement sans hiéroglyphes, elles sont encore sans la moindre polissure; marque certaine que, dans le temps qu'on éleva les pyramides, on n'avoit pas encore l'art de polir cette sorte de marbre.

On ne peut pas objecter que l'esprit de religion ne vouloit peut-être admettre aucune polissure, car tous les autres marbres qu'on a employés à des usages religieux sont polis dans la derniere perfection. Il faut donc que les pyramides aient été élevées avant tous les obélisques, avant toutes les urnes sépulcrales qui ont été transportées à Rome, et avant les caisses des momies qui ont été faites de granit, puisque toutes ces pieces, si on en excepte un bien petit nombre, ont été faites de granit poli.

Je m'en tiens à ces deux arguments qui m'ont beaucoup frappé : j'ignore l'effet qu'ils pourront faire sur d'autres, mais je me garderai bien d'adopter les vastes conjectures qui n'ont d'autre fondement que les rapports des prêtres égyptiens; rapports très forts en eux-mêmes, comme l'ont fait bien remarquer ceux qui suivent leurs traditions.

Page 59. *For what end or intention the pyramids were erected.*

(A quelle fin ou dans quelle intention les pyramides ont été élevées).

Je conviens avec M. Greaves que la religion égyptienne a été la principale cause de la fondation des pyramides, mais je crois qu'en même temps l'ambition y a eu beaucoup de part. Dans l'une ou l'autre de ces vues, on ne pouvoit jamais élever de monuments plus vastes ni plus solides. Nulle sorte d'architecture n'en approche; et où en voit-on qui coûte autant de peine à détruire qu'à élever? On est quelquefois surpris en remarquant que cette montagne n'enfante qu'une souris, et que toute une pyramide ne contienne que quelques chambres et quelques allées basses et étroites. Mais quand on considere qu'on n'avoit pas alors l'art des voûtes, et si l'on fait en même temps attention au fardeau énorme que les creux avoient à supporter, on comprend aisément que la durée qu'on vouloit ménager à la pyramide ne permettoit pas de miner beaucoup dans le solide, qui déja n'étoit pas composé d'une matiere trop forte pour se supporter lui-même, mais qui plutôt avoit besoin d'être soutenu par les grands blocs de pierres de taille dont les dehors des pyramides sont garnis.

Pour se convaincre que ce raisonnement tire au vrai, et qu'il peut même se démontrer, on n'a qu'à jeter les yeux sur les petites pyramides qui sont à l'entour des grandes. Comme elles se trouvent en grande partie ouvertes, on voit qu'elles sont entièrement construites de pierres de taille, et qu'elles ont par-là l'avantage que leurs chambres et leurs conduits ont pu avoir plus d'étendue, à proportion, que dans les grandes pyramides, qui, eu égard à leurs hauteurs réciproques, sont dans les perpendiculaires en proportion de 500 à 30 ou 40.

Page 80. *Diodorus thus describes . . .*
(Voici la description que donne *Diodore* des édifices construits par les anciens rois de Thebes en Egypte, etc.).

On doit, je pense, compter parmi ces superbes monuments celui d'Osymandyas. J'en ai vu un autre vis-à-vis de *Medinet-habu* (Médynet-hhabou), et j'ose me persuader que le petit temple de granit de Thebes a été du nombre. Le P. Siccard prétend avoir vu ceux qui sont dans les grottes. Pour moi je les ai cherchés soigneusement, je suis entré dans beaucoup de grottes, mais il m'a été impossible de les découvrir.

Page 81. *Mercuriales tumulos* . . .
(Ces monuments ont donné l'idée, peut-être, de ceux dont parle Strabon, et qu'il appelle ἑρμαῖα ou *mercuriales tumuli*, etc.).

Il seroit très difficile de convenir sur cet article avec Strabon. J'ai fait le même chemin que lui, je l'ai fait jusqu'à cinq à six reprises, et j'ai contemplé avec attention ces pierres qu'il appelle *mercuriales tumulos*. Ce n'est point absolument par l'art qu'elles ont été entassées l'une sur l'autre; elles sont un pur ouvrage de la nature, qui les a, à ce que je crois, posées ainsi dès le commencement. Il faut savoir que les rochers de granit different des autres en ce qu'ils ne font pas une seule masse; et qu'ils sont comme de grands amas de gros cailloux mis les uns sur les autres. Les ouvriers qui ont anciennement travaillé ce granit en ont enlevé les pieces les plus convenables, et en ont laissé d'autres debout çà et là, soit pour leur servir de bornes, soit pour quelque autre usage. Voilà selon moi l'origine de ce qu'on a appelé *collines* ou *tombeaux de Mercure*. Ce qui me confirme le plus dans cette pensée, c'est qu'outre qu'on y voit des hiéroglyphes gravés, on trouve tout à l'entour une infinité de pierres de même espece taillées, et quelques unes ébauchées, d'autres presque achevées, et toutes dans le même état où elles ont été laissées par les

ouvriers quand apparemment les calamités de la guerre
les ont forcés de se sauver. Il est bon d'observer encore que ce n'est qu'à une petite distance de là que
se trouve l'obélisque commencé , et que toute cette
plaine , dont Strabon fait mention, n'a été presque formée qu'à force d'en ôter le granit, qui sans doute s'y trouvoit d'une meilleure espece qu'au bord du Nil , puisqu'on le préféroit à celui-ci , lequel se trouvant au
bord du fleuve auroit été plus aisé à transporter. On
remarque pourtant au bord du Nil quelques endroits ,
rares à la vérité , où les pierres sont chargées d'hiéroglyphes comme celles dont il vient d'être parlé ; et
on voit aussi aux environs des pierres pareilles qu'on
a commencé à travailler. Le dessin des ruines de Syene
en représente deux de cette espece , et il y en a un
autre vis-à-vis de l'isle de Phile.

Page 82. *It is not to be doubted ....*

(Plusieurs siecles après que la résidence de leurs
    rois fut transférée de Thebes à Memphis , les
    Egyptiens, conservant la même religion et la
    même croyance « que l'ame reste unie avec le
    « corps aussi long-temps que ce dernier subsiste,
    « non pas à la vérité pour l'animer, mais pour le
    « garder et l'accompagner, et ne voulant pas sur-
    « tout abandonner sa premiere demeure »; c'est
    sans doute cette intime persuasion qui , jointe
    à l'ambition et à l'amour de la gloire , excita

les rois d'Egypte à construire des édifices aussi
dispendieux que les pyramides).

La conclusion que M. Greaves tire dans cet endroit
ne sauroit s'admettre jamais : ces *tumuli mercuriales*
ne peuvent avoir donné l'idée de construire les pyramides. Leur forme et leur grandeur sont si différentes
qu'il n'y a nul rapport d'un objet à l'autre. Outre
cela les hiéroglyphes dont les *tumuli mercuriales* sont
ornés prouvent que les pyramides sont plus anciennes,
et qu'elles n'ont pu par conséquent devenir leurs mo-
dèles. D'ailleurs je puis garantir qu'il n'y a que leurs
hiéroglyphes où l'art ait eu part, car du reste la pierre
est toute brute et telle que la nature l'a formée et
placée.

Page 91. *A description of the first and fairest pyramid.*

(Description de la premiere et de la plus belle
pyramide).

Cette pyramide, qu'on appelle ordinairement *la premiere*, devroit plutôt passer pour la derniere de celles
qui ont été construites des mêmes matériaux. On y
observe diverses choses qui font voir qu'elle n'a pas
été achevée entièrement, et il suffit de jeter les yeux
dessus pour convenir qu'elle a un air plus neuf que
ses voisines. Celles qui sont situées plus haut l'emportent, sans contredit, pour l'ancienneté. Le temps
y a fait beaucoup plus d'impression : quoique dans
un climat moins sujet aux pluies et aux vents, elles

n'ont pas laissé de souffrir plus que la premiere ; ce qui ne peut s'attribuer qu'au grand nombre de siecles qu'elles ont vus s'écouler.

Page 98. *This runs about the pyramid in a level...*
(On monte sur l'extérieur de cette pyramide par des degrés dont les plus bas n'ont pas moins de 4 pieds de haut sur 3 de large, et qui conservent la même dimension tout-au-tour de la pyramide).

Notre auteur n'y a certainement pas fait attention. Ce n'est pas l'injure du temps qui cause seule l'inégalité des degrés des pyramides : on n'a qu'à en mesurer une en différents endroits de sa hauteur, et on trouvera que la grandeur des pierres qui forment les degrés differe de 4, de 5, et même quelquefois de 10 pouces. Ces especes de degrés n'étoient point destinés à monter ni à descendre. On n'y a cherché de régularité qu'autant qu'il étoit nécessaire pour la forme générale de la pyramide et pour la facilité de l'ouvrage. Je suis bien trompé si cette inégalité des pierres n'a été la cause de ce que tant de voyageurs qui ont compté les degrés des pyramides different toujours pour le nombre.

Page 99. *For that latitude which Herodotus as-signs to the admirable bridge below (of which there is nothing now remaining)...*
(Car cette largeur que donne Hérodote à l'admi-

rable pont inférieur dont il ne subsiste plus
aucun vestige . . . .)

Je ne comprends pas comment un voyageur aussi
exact que M. Greaves a pu négliger une chose si digne
de remarque, pendant qu'il reste encore sur pied une
partie assez considérable de cet admirable pont, pour
se former une idée juste de toute sa construction et
de l'usage qu'on en a pu faire. Il y a même à l'orient
de la troisieme pyramide des restes d'un autre pont.
Mes dessins en montrent la situation, et font voir ce
qui en subsiste encore de nos jours.

Page 99. If we assent to the opinion of Proclus...
(Si nous adoptons l'opinion de Proclus sur la des-
   tination de la cime plate des pyramides, nous
   pourrons supposer que les prêtres égyptiens y
   faisoient leurs observations astronomiques..)

La cime de la seconde pyramide, encore aujourd'hui
couverte de marbre granit, taillé si uniment que personne n'y sauroit monter, décide absolument que les
pyramides n'ont pas été construites pour être des ob-
servatoires. Quoique les autres ne soient pas achevées
au point où l'est la seconde, on ne sauroit néanmoins
douter que l'intention des maîtres qui les ont fait
faire, et celle de l'architecte, n'ait été de les finir,
si la dépense ou le temps l'avoient permis.

Page 102. *The air of Egypt is confessed...*
(Les anciens avouent que l'atmosphere de l'Egypte
　　est souvent chargée de vapeurs.)

Depuis Alexandrie jusqu'à Feschne (Fechneh) l'air
est souvent épais et le ciel couvert, il y pleut assez
fréquemment; mais à Feschne (Fechneh) et au-dessus,
dans la haute Egypte, il fait toujours un temps fort
clair. J'ai néanmoins essuyé à Meschie (Mechyeh) une
pluie assez forte accompagnée de tonnerre, durant
l'espace d'une heure entiere.

Page 103. *Hewen, according to Herodotus and
　　Diodorus out of the arabian mountaines...*
(Elles (les pyramides) sont toutes construites de
　　grosses pierres polies, que l'on tiroit, selon
　　Hérodote et Diodore, des montagnes d'Arabie
　　situées sur les confins de la haute Egypte, ou
　　de celles qui sont à l'est au-dessus du Delta..)

Une grande partie des pierres qui ont été employées
à la construction des pyramides ont été tirées des
grottes qu'on voit en grand nombre aux environs de
ces mêmes pyramides : le reste se tiroit vis-à-vis, de
l'autre côté du Nil; et quand les eaux de ce fleuve
étoient hautes, on conduisoit ces pierres jusqu'au
pont dont Hérodote fait mention, et ensuite, par le
moyen du même pont, on les transportoit jusques
sur la montagne où l'on vouloit élever la pyramide.

Page 103. *The relation of Herodotus and Pomponius Mela...*

(Le récit d'Hérodote et de Pomponius Mela est encore plus admirable; ils disent que *la moindre pierre de cette pyramide a 30 pieds de long*. « οὑ δεὶς τῶν λίθων τριήκοντα ποδῶν ἐλάσσων ». Hérod. liv. II.)

Les temples que l'on voit à l'orient et tout près des pyramides ont été construits de pierres très grandes. Il est étonnant que peu de voyageurs en aient parlé, quoiqu'ils soient pourtant très remarquables. Ils semblent avoir été découverts par le haut. Leur grand circuit ne permettoit pas de trouver des pierres assez grandes pour aller d'un mur à l'autre. Il n'y a pas non plus le moindre vestige de colonnes, et j'oserois croire qu'on ne savoit point encore en faire usage dans le temps que l'on construisoit les pyramides. Qui sait même si l'invention des pyramides n'est point due à cette ignorance, puisqu'on n'avoit pas d'autres moyens pour couvrir un grand circuit avant que l'art des voûtes, et celui d'employer des colonnes pour soutenir un faîte, eussent été inventés ? (1)

____

(1) J'observe à regret que c'est l'ignorance qui nous a valu les travaux les plus durables en architecture. Ces fameux aqueducs dont les ruines excitent encore notre admiration n'auroient jamais été construits si les anciens eussent su que l'eau tend toujours à remonter presqu'à la hauteur d'où elle tombe. (*Templeman.*)

Page 115. *On the north side , ascending thirty
eight feet upon an artificial bank of earth , there
is a square . . .*
(Une montée de trente-huit pieds du côté septentrional vous conduit sur un banc de sable arti-
ficiel, où l'on trouve une esplanade et un passage étroit pour entrer dans la pyramide.)

Cette élévation de terre du côté du nord n'est point
faite de mains d'hommes ; le temps et le vent l'ont
formée avec des sables qui ont été portés contre la
pyramide : les trois autres côtés et ceux des autres
pyramides ont de pareilles élévations qui ne sont pourtant pas si hautes. Celle du côté septentrional de la
premiere pyramide l'emporte sur les autres , parceque
le vent du nord y regne principalement , et l'entrée
est exposée à ce vent. Si l'on demande pourquoi cette
élévation ne se hausse pas davantage , jusqu'à fermer
même l'entrée de la pyramide ; je repondrai, que les
Arabes qu'on envoie ordinairement pour nettoyer cette
entrée ont soin d'empêcher ce progrès ; en outre ce
passage est trop fréquenté pour que le sable puisse
gagner davantage.

Page 116. *Thorough the mouth of which . . .*
(Nous entrâmes par ce canal . . .)

Il est bien surprenant que l'auteur passe ici sous
silence le faux portail ou plutôt le frontispice du premier canal. Je l'ai mesuré avec toute l'exactitude

possible ; ce qui mettra un jour en état d'en faire une description particuliere , et de chercher la raison qu'on a eue de le faire de la sorte.

Page 116. *We land in a place somewhat larger . . .*
(Après avoir passé , non sans difficulté, à travers cet étroit couloir en tenant des flambeaux à la main, nous débouchâmes dans un endroit un peu plus large et assez haut . . .)

Cet endroit , auquel M. Greaves ne daigne pas seulement donner quelque attention, mérite pourtant bien d'être considéré ; et je puis assurer que ce savant en auroit fait plus de cas s'il avoit su ce qu'il contient. C'est là que l'on découvre clairement la maniere dont le premier canal avoit été fermé par le moyen de trois blocs de marbre oriental, qui joignent si bien les côtés du canal, qu'on a de la peine à faire entrer dans les jointures la pointe d'un couteau. C'est encore par-là que la vue peut pénétrer pour ainsi dire dans les entrailles de la pyramide ; car, comme cette place a été forcée, on y apperçoit clairement que le solide de la pyramide est composé de grandes pierres jetées au hasard et jointes par une espece de mortier, qui les colle si bien qu'elles ne paroissent faire qu'une seule masse.

Page 119. *The walls within are covered with a sort
of plaister . . .*

(Les murailles intérieures sont revêtues d'une
espece de ciment . . .)

C'est la même croûte dont on voit les murailles
couvertes tant dans les anciens thermes et bains à
Rome que dans les *piscinarii* ou réservoirs de Pouzzol.

Ibid. *The reason of the difference between Pline's
observation and mine . . .*

(La cause de la différence entre l'observation de
Pline et la mienne vient, je crois, de ce que
j'ai trouvé ce puits rempli de décombres accu-
mulés depuis la mort de l'historien de la
nature.

La différence ne vient pas de la raison qu'allegue
M. Greaves ; elle vient plutôt de ce qu'au bout de
vingt pieds de profondeur le puits va en talut durant
un certain espace, et reprend ensuite la ligne perpendiculaire, qui à la fin se perd dans le sable, sans
avoir aucune autre issue.

Page 120. *I know not whether of that glistering and
speckled marble . . .*

(Ces pierres sont monstrueuses et supérieure-
ment jointes. Je ne sais si c'est de ce marbre

brillant et tacheté dont j'ai parlé au sujet des colonnes des citernes d'Alexandrie.)

C'est tout marbre blanc oriental : il n'y a point de doute à cet égard.

Page 120. *The walls are entire and plaistered over with lime...*

(Les murailles sont entieres et couvertes de plâtre.

Tous les côtés de cette chambre, aussi bien que la voûte triangulaire, sont revêtus de carreaux de marbre granit non poli, et qui n'est nullement enduît de plâtre.

Ibid. *There seems to have been a passage leading to some other place...*

(Au milieu même de la partie orientale de cette chambre il semble y avoir eu un passage qui conduisoit à quelque autre endroit...

Ce passage forcé et bien étroit subsiste encore aujourd'hui et aboutit à une espece de niche. Il n'a jamais pu conduire au sphinx, puisqu'il est au tiers de la pyramide au-dessus de l'horizon.

Page 129. *That this sort of marble came from mount Sina...*

(Un Vénitien, homme très curieux, qui visita

avec moi les pyramides, croyoit que cette espece de marbre venoit du mont Sinai.)

.Tout ce que j'ai vu et touché de marbre granit qu'on a commencé à travailler à Essouaen (Assouân), autrefois Syene , ne permet pas de croire qu'on ait transporté ce marbre du mont Sina aux pyramides par des chemins si difficiles. On peut avoir tiré de cette montagne des pierres pour les édifices du voisinage ; mais pour ce qui est du granit qu'on employoit en Egypte , je crois fermement qu'on le prenoit dans l'endroit dont je viens de parler.

Page 129. Le rocher sur lequel Moïse frappa est une grosse pierre massive, droite, de même grain et de la couleur dont est la pierre thébaïque ...

On montre à Venise, dans l'église de S. Marc , un carreau de marbre qu'on y a apporté du mont Sina , et qu'on prétend être la pierre que Moïse frappa. C'est un granit d'un grain si fin qu'il approche fort du porphyre : on en trouve de pareil en Egypte (1).

---

(1) Le docteur Clayton, dans ses *Vindications of the histories of the old and new Testament, in answer to lord Bolinbroke , lettre II* , p. 139, s'extasie sur la découverte du *D. Shaw* et du préfet d'Egypte, qui crurent reconnoître le même rocher frappé par Moïse. *Norden* nous apprend que l'église S. Marc à Venise prétend posséder depuis long-temps un de ces rochers. Cette multiplication leur donne terriblement de ressemblance avec les reliques de l'église romaine. (*Templeman*).

Page 134. *This made me take notice of two inlets,
or spaces… and by the blackness within it, seems
to have been a receptacle for the burning of
lamps…*
(Ma curiosité me fit examiner deux espaces ou
passages disposés en face l'un de l'autre dans la
partie méridionale et septentrionale de cette
chambre : leur intérieur noir semble indiquer
que c'étoit l'endroit où l'on plaçoit des lampes
allumées.)

Ils me paroissent des soupiraux pour donner de
l'air à la chambre. La noirceur qu'ils ont est venue
après coup, et c'est l'effet de la fumée des flambeaux
dont les curieux se sont servis pour mieux voir le dedans. Ils sont aujourd'hui presque remplis des pierres
qu'on y a jetées pour voir jusqu'où elles pouvoient
aller.

Page 139. *A description of the second pyramid…
of which besides the miracle the ancient and
modern writers have delivered little…*
(Description de la seconde pyramide, dont les
anciens et les modernes n'ont presque point
parlé.)

Cette pyramide est pourtant aussi grande et aussi
belle que la premiere, et ce qu'on en peut voir surpasse même en quelque sorte celle-ci.

Page 139. *He addes , it hath no subterraneous
structures ...*
(Hérodote ajoute que cette pyramide n'a pas de
construction souterraine.)

Hérodote , que notre auteur cite , ne parle que par
ouï-dire ; car, la pyramide se trouvant fermée , il ne
lui étoit pas possible d'examiner par lui-même les
choses qu'il décrit. Cette maniere de parler rend les
descriptions des auteurs anciens bien obscures. Que
doit-on penser lorsque Strabon et Pline décrivent le
puits de la premiere pyramide , sur-tout quand ils
disent que l'eau du Nil entroit dans ce puits (1)?
L'avoient-ils vu eux-mêmes? l'avoient-ils entendu dire
à d'autres? Je ne sais ce que j'en dois penser, d'autant
qu'il n'y a guere moyen de combiner leurs descriptions
avec l'état présent des lieux.

Page 140. *By my observations the stones are of
colour white, nothing so great and vast as those*

---

(1) Hérodote est de l'avis de ces deux historiens , comme on le
voit par la suite du passage cité par Greaves. « Elle n'a pas de con-
« structions souterraines , ni de canal qui y conduise les eaux du Nil ;
« au lieu que l'autre , où l'on dit qu'est le tombeau de Chéops , se
« trouve dans une isle , et qu'elle est environnée des eaux du Nil qui
« s'y rendent par un canal construit à ce dessein ». Τ' ἐοῦσα δ' οἰκοδομέη αὐλῶνος
ἐσαγαγὼν περιρρέει indique clairement le canal qui conduisoit les eaux du Nil
dans l'intérieur de la grande pyramide, comme l'a très bien prouvé
le savant *Larcher* dans les notes de son excellente traduction d'Hérodote , tome II , page 421. (*Note du citoyen Langlès.*)

*of the first and fairest pyramid. The sides rise
not with degrees like that, but are all of them
plain and smooth . . .*

(Je vis par moi-même que les pierres sont blanches,
mais non pas aussi grosses et aussi prodigieuses
que celles de la premiere et de la plus belle
pyramide ; les quatre côtés n'ont pas de degrés
comme celle-là, mais toute leur surface est
égale et polie.)

Je serois fort en peine s'il me falloit ici suivre pas
à pas la narration de notre auteur. Il s'éloigne beaucoup du vrai et néglige entièrement ce qu'il y a de
plus remarquable. Je crois que son compagnon vénitien, sur qui il se sera trop fié, l'aura trompé, et
que lui-même étoit trop fatigué de l'examen de la premiere pyramide pour donner à la seconde toute l'attention convenable. Celle-ci est certainement aussi
grande que la premiere. Si les degrés n'y paroissent
pas distinctement, on s'apperçoit bien néanmoins
qu'ils y ont été et qu'ils subsistent encore depuis le
quart du bas de la pyramide jusqu'au sommet. Ce qui
fait disparoître les autres, c'est la violence dont on
a usé pour enlever le marbre granit dont elle a été
revêtue et qui couvre encore un quart de la partie
supérieure, comme mes dessins le font voir.

Page 141. *This pyramid is bounded on the north*

and west sides with two very stately and elabo-
rated pieces . . .

(Cette pyramide est bornée au nord et à l'ouest
par deux salles considérables et bien taillées...)

Cela est venu très naturellement , parcequ'on a été
obligé d'applanir le roc à coups de marteau et de ciseau afin que la pyramide fût posée de niveau. Comme
cela a été fait à la regle, les deux bords perpendiculaires
du talut de la montagne semblent avoir été travaillés
exprès pour y creuser des chambres : mais celles qu'on
y trouve ne sont absolument que des carrieres d'où
on a tiré des pierres pour la construction de la pyramide , et qui , comme les autres qu'on voit aux environs et de tous côtés dans la haute Egypte , après
avoir servi d'habitations aux ouvriers , ont été dans
la suite du temps converties en grottes sépulcrales.
Cela n'a pu avoir lieu que long-temps après la construction des pyramides , et seulement après que les
hiéroglyphes eurent été inventés; car on trouve assez
fréquemment dans les grottes des inscriptions de cette
espece.

Page 148. *So that I shrewdly suspect that Diodorus*
hath borrow'd most of his relation from He-
rodotus and Strabo, and Pliny from Diodorus,
or from them both, and the more learned mo-
derns from them all . . .

(Je soupçonne fort Diodore d'avoir extrait la plus

grande partie de son récit d'Hérodote; Strabon
et Pline n'ont fait ensuite que copier Diodore,
et même Hérodote; nos plus savants modernes
n'ont travaillé que d'après ceux-ci.)

Il y a certainement de l'erreur dans ce que ces
divers auteurs ont écrit. Tous veulent que ce soit la
troisieme pyramide dont la moitié ait été fabriquée
de basaltes, au lieu que c'est la quatrieme. Si notre
savant auteur avoit pris la peine d'en approcher il auroit
pu aisément concilier tous ces auteurs; il auroit vu
que cette quatrieme pyramide a été et est encore,
jusques vers le milieu, faite d'une pierre plus noire
que le granit ordinaire et pour le moins aussi dure.
Je n'oserois pourtant assurer que ce soit du basaltes,
car elle differe de la matiere dont est fait le beau vase
que j'ai vu à Rome chez le cardinal Alexandre Albani,
et qu'on donne pour être de basaltes (1).

Les pierres qui manquent à cette pyramide se trouvent par terre à l'angle qui regarde le nord-est; elles
y font un très grand amas.

M. Greaves est pourtant en quelque sorte excusable de n'avoir pas pris garde à cette pyramide. Elle
est située de façon que, si l'on ne la voit d'une certaine distance, on ne l'apperçoit pas aisément quand
on est de près, parceque les autres la cachent. Son sommet est d'une pierre jaunâtre et de la qualité de celle

---

(1) Pline dit que le basaltes a la couleur et la dureté du fer. (*Temp*.)

de Portland, et c'est aussi de cette même pierre que sont fabriquées les autres pyramides. Je parlerai ailleurs de sa cime , qui se termine en cube.

Du reste l'existence de cette quatrieme pyramide est très certaine; elle fait suite avec les trois autres , c'est une chose avérée. Lord Sandwig l'a très bien observée, et mes dessins attestent la même vérité.

Page 150. *Though it cannot be denied but close by this on the east side of it there are the ruines of a pile of building...*

(Quoiqu'on ne puisse pas nier l'existence des ruines d'un pilier d'édifice à l'est et auprès de cette pyramide.)

Ces restes de bâtiments dont parle ici M. Greaves sont les mêmes que ceux dont j'ai fait mention plus haut. Il dit que les pierres sont d'une couleur obscure ; mais c'est la même pierre jaunâtre dont les degrés des pyramides ont été formés. Ce n'est que le temps qui, par-ci par-là, les a un peu noircies, comme il a noirci tout le reste. Ces pierres sont d'ailleurs d'une grandeur énorme ; et les temples ou édifices auxquels elles ont été employées doivent avoir eu quelque chose de bien respectable , comme je l'ai déja remarqué ci-devant. Cette pyramide n'a pas plus d'inscriptions ni d'hiéroglyphes que les autres. Le temps ne peut pas les avoir effacés; car, si on y en avoit mis, on ne les auroit pas confiés à la pierre de sable ,

mais à la pierre dure qui certainement les auroit conservés jusqu'à présent. Il est bien difficile d'ajouter
foi à ce qu'avancent Hérodote et Diodore de Sicile,
« qu'on s'étoit contenté de mettre sur ces pyramides un
« simple nom ou une petite inscription ». Cette pratique
eût été contre la nature des hiéroglyphes. Les monuments et les édifices sur lesquels on en a gravé en sont
presque entièrement couverts. Heureusement on n'en
apperçoit aucun sur les pyramides; et, quand même on
y en trouveroit quelques uns, n'auroit-on pas lieu de
douter s'ils n'y auroient pas été mis après coup dans le
temps où on en grava dans les grottes du voisinage?

Page 154. *Of the rest of the pyramids in the Libyan
desert* . . .

(Des restes des pyramides dans le désert de
  Libye...)

Ces pyramides de quatre à cinq degrés ou étages,
et chaque degré de 30 à 40 pieds de hauteur, sont
bien dignes de l'attention d'un voyageur; et on
a de la peine à comprendre pourquoi les auteurs,
tant anciens que modernes, n'en ont point parlé.
Il me semble pourtant qu'elles sont assez remarquables
pour mériter qu'on en fasse mention. Lord Sandwig et
moi en avons jugé de la sorte. Ce curieux d'antiquités
les a observées, et je les ai dessinées. Nous y avons
remarqué, quoiqu'en différents temps, une pyramide
qui n'a jamais été achevée, et qui assurément peut
fournir de grandes lumieres pour connoître comment

les architectes s'y prenoient pour élever ces grandes et miraculeuses masses.

Les deux plus grandes de ces pyramides ne cedent en rien à celles de Memphis. L'une a quelque chose de particulier par rapport à sa forme, l'autre est ouverte. Une chose constante, c'est qu'on ne sauroit se dispenser d'adjuger la primauté aux pyramides de Sakkarra (Ssakharah), puisqu'elles ont eté bâties les premieres et que c'est sur elles que l'on a pris modele et qu'on a raffiné pour construire les autres.

Page 155. *There are three in that part, which is opposite to Fostat or Cayro* . . .
(Il y en a trois dans la contrée située en face de Fosthâth ou le Caire, qui sont la même ville.)

Ici comme partout ailleurs l'auteur omet la quatrieme pyramide. Les voyageurs ne daignent pas seulement y jeter les yeux, non plus que sur les petites, qui sont ouvertes, et qui se trouvent en quantité aux environs et assez près de ces pyramides de Memphis; elles pourroient néanmoins fournir aussi bien des lumieres.

Page 156. *In what manner the pyramids were built* . . .
(De quelle maniere les pyramides ont été construites.)

Je crois qu'on sera un jour en état de donner une assez juste idée de la maniere dont on s'y est pris

pour construire les pyramides. On n'a pour cela qu'à
rassembler toutes les observations qui ont été faites
sur cette matiere, et sur-tout qu'à suivre de bien
près ce qui a été remarqué à celles de Sakkarra
(Ssakharah), entre autres à l'endroit où la premiere pyramide a été forcée, tant dans le canal que dans la
chambre sépulcrale, etc. : mais cela passe de simples
remarques ; je ne m'y arrête donc pas davantage, etc.

REMARQUES

SUR

LES OBÉLISQUES.

Obélisques. J'ai déja fait mention de deux obélisques, à l'article d'Alexandrie. Je dois naturellement avertir qu'on en trouve encore d'autres de tous côtés en Egypte. Ces précieux monuments m'ont paru dignes d'être mis à la suite des pyramides, et mériter quelques observations générales, tant sur la matiere dont ils sont fabriqués que sur leur forme et leur usage; mais je déclare en même temps que je n'ai fait ces observations qu'après mon retour de l'Egypte.

La matiere dont ils sont faits assure leur conservation, et leur donne l'avantage d'une longue durée. Ils sont ordinairement de granit; ce qui augmentoit leur prix, car on s'apperçoit aisément qu'il est rare et difficile de trouver des morceaux de granit aussi grands qu'il en falloit pour cet usage.

Leur forme et leurs embellissements les mettoient

pareillement au nombre des ornements majestueux.
Ils semblent sur-tout avoir été destinés à décorer les
portes des temples, ou des palais, ou l'extrémité
d'une colonnade(1). Ils sont quadrangulaires, montant

---

(1) Pline assigne un autre usage à l'obélisque placé dans le champ
de Mars, et attribue à Auguste la gloire d'avoir été le premier qui
ait fait servir l'obélisque de gnome à un cadran solaire.

*Ei qui est in campo, divus Augustus addidit mirabilem usum ad
deprehendendas solis umbras, dierumque ac noctium ita magnitu-
dines, strato lapide ad magnitudinem obelisci, cui par fieret umbra brumæ confectæ die, sextâ horâ, paulatimque per regulas
(quæ sunt ex ære inclusæ) singulis diebus decresceret ac rursus
augesceret, digna cognitu res et ingenio fœcundo.*

*Manlius mathematicus apice auratam pilam addidit, cujus ver-
tice umbra colligeretur in seipsa : alias enormiter jaculante
apice, ratione (ut ferunt) a capite hominis intellecta.* Plin. Hist.
natur. lib. XXXVI, cap. XVI, (X), tom. 9, p. 667 ex edit. Franzii,
Lipsiæ, 1788.

Le savant Martin Folkes commente ainsi le texte de Pline.

« D'après cette description, je conçois que l'on fit au pied même
de l'obélisque, du côté du nord, une chaussée en pierres de la
largeur de cette aiguille, et aussi longue que son ombre à midi dans
le jour le plus court de l'année, c'est-à-dire que la longueur de
cette chaussée étoit à la hauteur de l'obélisque dans la proportion
de 22 à 10. L'on incrusta dans cette chaussée des regles d'airain,
paralleles les unes aux autres et distantes du point correspondant
directement à l'extrémité de l'obélisque, en raison de la longueur
de son ombre à midi chaque jour de l'année ; car les mêmes lon-
gueurs décroissoient depuis le plus court jour jusqu'au plus long, et
croissoient depuis le plus long jusqu'au plus court. »

« Le paragraphe suivant est très altéré ; mais il nous apprend toujours qu'un mathématicien, nommé *Manilius* ou *Manlius*, avoit

en forme de pyramide jusqu'à un certaine hauteur,
s'élevant presque en pointe, et se terminant en véritables pyramides.

---

ajouté au sommet de l'obélisque une boule dorée destinée à rendre
l'ombre de l'extrémité de cette aiguille plus remarquable. On devi-
noit aisément le milieu juste de cette ombre ; en outre, l'ombre d'une
pointe auroit été imperceptible à une si grande distance (*). *Voyez
D. Martyn's abridgment of the Philosophical Transactions, vol.
X, page* 138. (Note traduite de Templeman.)

Nota. Il s'éleva au sujet de ce passage de *Pline* une con-
testation à l'académie des sciences. Plusieurs membres con-
cluoient d'après le texte que « le mathématicien Manlius fut le
« premier qui s'avisa de mettre une boule au haut des obélisques
« ou gnomons, et qu'il ne mit même cette invention en pratique
« que depuis qu'Auguste eut fait ériger ou du moins apporter le
« grand gnomon dans le champ de Mars, comme semble le prouver
« le mot *addidit :* de maniere qu'on seroit porté à croire que les obé-
« lisques érigés jusqu'alors n'avoient point de boule au haut et se
« terminoient simplement en pointe. »

L'académie des belles-lettres, qui fut choisie pour arbitre, ré-
pondit que Pline avoit voulu seulement louer Auguste de ce qu'il
avoit appliqué à un usage astronomique le magnifique obélisque du
champ de Mars, haut de 120 pieds sans compter sa base ; mais que
cet immortel naturaliste n'avoit pas prétendu que Manlius eût le
premier imaginé de mettre une boule au sommet du gnomon ; que
cet usage pouvoit bien être nouveau à Rome, mais non pas dans
la Grece, ni sur-tout dans l'Egypte, comme semble le prouver ce
passage des *Egyptiaques d'Apion.*

*Moïse, comme je l'ai appris des anciens Egyptiens, étoit d'Hé-
liopolis, ville consacrée au soleil. Accoutumé aux mœurs de sa*

(*) J'ajouterai à l'observation de *Folkes*, que la différence de l'ombre d'une simple pointe
et de celle d'une boule est de tout le demi-diametre du soleil; (*Note du cit. Langlès.*),

Chacune de leurs faces est ordinairement ornée de
figures hiéroglyphiques, que l'on contemple avec admiration pour leur beauté, mais en même temps avec
regret, parcequ'on se trouve privé de leur explication,
sans espérance de pouvoir jamais parvenir à les entendre.

Je ne crois pas qu'on trouve des obélisques autre
part qu'en Egypte, à moins que ce ne soit dans des
endroits où on les a transportés après les avoir tirés
de ce royaume; encore le nombre n'en est il pas fort
grand.

Tous les obélisques ne sont pas de la même hauteur; mais ils se ressemblent tous pour la forme, si
ce n'est que le sommet y manque quelquefois. Ils ne

---

*patrie, il introduisit l'usage de faire des prières en plein air et sur
les remparts des villes. Il tourna les oratoires vers l'orient, comme
c'est l'usage à la ville du soleil. Au lieu d'obélisques,* ἀντὶ δὲ ἰϐελῶν,
*il éleva des colonnes dont le pied étoit dans une espece d'esquif ou
de bassin,* σκάφη *: il y avoit au sommet une figure ou une tête d'homme,
dont l'ombre* σκιὰ δ'ἀνδρὸς *fournissoit le même cours que le soleil.* Ce
passage d'Apion, qui écrivoit trente ans avant, semble être une
explication anticipée du texte de ce dernier: en outre, beaucoup de
médailles grecques très anciennes portant des obélisques sommés
d'une boule.

De cette réponse bien motivée, on peut conclure que l'astronome
Pythéas se servit il y a deux mille ans, à Marseille, d'un gnomon *avec
une boule,* pour observer la proportion de l'ombre du gnomon à
sa hauteur. Son observation, comparée à celle de l'académicien
Louville, prouve que depuis 2000 ans l'obliquité de l'écliptique a
diminué de 35 minutes. *Hist. de l'acad. des inscrip., tome 3, pages
174 - 179. (Langlès.)*

sont pas non plus tous de la même main ni de la même
matiere, quoiqu'ils soient pour la plupart de marbre
granit.

On en voit en Egypte d'un bout à l'autre du royaume.
J'ai trouvé les premiers à Alexandrie, et les derniers
à l'isle qu'on appelle aujourd'hui *Giesiret - ellheiff*
(djezyret êl-Hhéyf), qui semble être la *Phile* dont les
auteurs anciens ont si souvent fait mention.

Ils sont ou du moins ils ont été originairement faits
d'une seule piece, et leur piédestal est un cube qui
ordinairement ne surpasse que de deux à trois pieds la
largeur de l'obélisque. Le plus souvent ce piédestal
et même une partie de l'obélisque sont cachés sous
la terre.

J'ai vu deux obélisques dans l'isle de *Giesiret-ell-
heiff* (djezyret êl-Hhéyf). L'un est de marbre blanc
et debout, mais sans aucun hiéroglyphe : l'autre, qui
est de granit, se trouve couché par terre et a une
rangée de figures hiéroglyphiques sur chaque face.
Le sommet du premier, qui termine la colonne de
la galerie occidentale, est raccourci ; il n'a que huit
pieds en quarré et seize de hauteur. Le second a aussi
huit pieds en quarré, mais vingt-deux pieds de hauteur. Il semble être plus moderne que tous ceux que
j'ai eu occasion de voir ; du moins s'est-il mieux
conservé.

Dans les ruines des environs d'Essouaen (Açouân),
il y en a un qui est fabriqué sur la place. On n'y voit
point d'hiéroglyphes, et il est brisé en deux. Chaque

face a trois pieds de largeur ; mais la longueur ne
peut être mesurée, parcequ'il est caché en grande
partie sous le sable.

A Lukoreen (Oqssoryn), que l'on regarde comme
une partie de l'ancienne Thebes, il y a deux obélisques, dont chaque face a six pieds huit pouces et
demi. Leur hauteur est à proportion. Celui qui est
situé du côté de l'orient est plus haut que l'autre.
Tous deux sont debout au devant du portail ou à
l'entrée des superbes ruines qu'on admire dans cet
endroit; et sans doute ils sont le *nec plus ultra* des
obélisques que l'art ait jamais pu exécuter.

Auprès de Carnac (Qarnâq), où on apperçoit la
suite de ceux qu'on a admirés à Lukoreen (Oqssoryn),
on en compte encore quatre entiers, et placés au lieu
où on les avoit mis dès le commencement.

Au devant de la grande salle d'auprès de Carnac
(Qarnâq) et à son entrée, il y a deux autres obélisques debout, placés en ligne diagonale. Ils sont à-
peu-près de la même grandeur et de la même beauté
que ceux de Lukoreen (Oqssoryn). Les deux autres,
qui les accompagnoient sans doute, ne paroissent
plus. On voit au devant d'un petit temple deux autres
obélisques, mais beaucoup plus petits que les précé-
dents. Ils peuvent avoir à-peu-près onze à douze pieds
de hauteur, et leurs faces n'ont qu'un pied et demi
de largeur. Quant à la matiere, elle est de granit,
et d'un grain si fin qu'elle approche beaucoup du
porphyre. Ils ont servi, selon toutes les apparences,

de piédestaux à deux idoles , et ils sont ornés d'hiéroglyphes peints de diverses couleurs ; et ces hiéroglyphes représentent , pour la plus grande partie ,
des figures qui s'embrassent.

Parmi ces mêmes ruines de Carnac (Qarnâq) on
trouve encore diverses grosses masses d'une pierre
blanchâtre , et qui , jointes autrefois ensemble , ont formé des obélisques d'une prodigieuse grandeur. Ces
derniers , ainsi que tous les autres , n'ont été que
d'une seule piece ; mais quand on les a renversés ils
se sont apparemment brisés en tombant. Ils ont été
entièrement remplis d'hiéroglyphes enluminés , et ornés par compartiments de différentes figures qui font
un très bon effet.

Dans le voisinage de Matareen (Mathâryn) , village
situé près du grand Caire , il y a un obélisque encore
debout , d'une grandeur bien proportionnée , et de la
hauteur de celui de Cléopatre situé à Alexandrie ;
mais quant à ses hiéroglyphes , quoiqu'ils puissent
passer pour bien faits , ils le cedent en ce point à
ceux qu'on admire auprès de Carnac (Qarnâq) et de
Lukoreen (Oqssoryn).

Planche
XXXIX.　J'ai représenté le côté méridional de cet obélisque ,
parceque c'est celui qui s'est le mieux conservé. Les
autres côtés sont semblables , à l'exception de celui
du nord , où il y a une petite différence qui est in-
diquée dans la planche. On y peut voir aussi comment
toutes les figures regardent à contre-sens. Je dois pourtant avertir que le bas de l'obélisque , du côté oriental ,

est presque entièrement ruiné , de sorte qu'on n'y
découvre presque plus d'hiéroglyphes. J'ai remarqué
aussi, sur la même planche , jusqu'où le Nil monte.

Il ne reste plus qu'à parler des deux obélisques
d'Alexandrie , dont l'un est appelé ordinairement
l'obélisque de Cléopatre. Mais, comme j'ai déja donné
une description circonstanciée de ces deux monuments , je n'en dirai pas davantage.

Fin du premier volume.

TABLE DES PLANCHES
DU TOME PREMIER.

PORTRAIT de l'auteur avec la médaille.

1. Carte particuliere de la vieille et de la nouvelle Alexandrie.
2. Carte et plan du port neuf d'Alexandrie.
3. Vue de la ville d'Alexandrie et du port neuf, depuis le grand Pharillon jusqu'à la tour à poudre.
4. Vue du petit Pharillon, ou fanal, au vieux port d'Alexandrie.
5. Vue de la ville et du pont neuf d'Alexandrie, depuis la tour à poudre jusqu'au Meidam (Méïdân).
6. Vue de la vieille Alexandrie.
7. Obélisque dit de Cléopatre, à Alexandrie, vu du côté de l'ouest.
8. Obélisque dit de Cléopatre, à Alexandrie, vu du côté du nord.
9. Faces de l'obélisque de Cléopatre, du côté de l'orient et du midi.
10. Plan et coupe d'un réservoir dans la vieille Alexandrie, près de l'église de Ste Catherine.
11. Etat présent du fondement de la colonne de Pompée, dessiné du côté de l'ouest, afin de voir les deux pierres couvertes d'hiéroglyphes.
12. Colonne dite de Pompée, à Alexandrie.
13. Plan et coupe d'un temple souterrain à Négropole, à côté du vieux port d'Alexandrie.
14. Le château de Bokier (Abouqyr) avec son port.
15. Vue de la ville de Rosette et du village de Deruth (Darouth).
16. Scheck ghadder (Cheykh ghadder), à la gauche sur le bord du Nil quand on entre; et Carullo de Meresel, avec la mosquée à quatre lieues de Rosette.
17. Vue du vieux et du grand Caire.
18. Cérémonie pratiquée à l'occasion du coupement de la digue pour faire entrer le Nil au grand Caire.
19. Plan et coupe du puits de Joseph, au grand Caire.
20. Vue du vieux Caire, vis-à-vis le Mokkias (Meqyâs), au milieu du Calish (Khalydje) vers Boulac (Boulâq).

21. Perspective du vieux Caire.

22. Vue du vieux Caire, et d'une pyramide à perte de vue.

23. Vue de la ville de Gize (Djyzeh), ci-devant Memphis, avec les trois pyramides et la perspective de Mokkias (Meqyâs), par dehors à la pointe de l'isle de Rodda (Roudhah), *en 2 f^{les}*.

24. Plan de l'isle de Rodda (Roudhah), avec ses environs.

25. Plan inférieur et supérieur du Mokkias (Meqyâs), à la pointe de l'isle de Rodda (Roudhah) au vieux Caire, pour observer l'accroissement du Nil.

26. Coupe du Mokkias (Meqyâs) à la pointe de l'isle de Rodda (Roudhah), au vieux Caire.

27. Cours du Nil, avec les lieux situés sur les bords, depuis Derri dans la Nubie jusqu'au Delta, *en 2 feuilles*.

28. Première partie de la carte du Nil, contenant la situation de ses bords depuis le vieux Caire jusqu'à Deir abusaiffeu (Deïr âbou saïffin).

29. Four dont on se sert en Egypte pour faire éclorre les œufs de poules.

30. Maniere de battre le riz, et la façon dont les femmes portent l'eau en Egypte.

31. Merkeb, sorte de barques qui vont sur le Nil depuis Essnay jusqu'au Caire, et la maniere de les pousser à l'eau.

32. Sainte sauterelle des Turcs en Egypte, et radeau avec des cruches ou des calebasses, dont on se sert pour la pêche.

33. Figuier d'Adam, vulgairement bannanas; beau cyprès au vieux Caire, et poule de Pharaon tenue pour l'ibis.

34. Différents vases et ustensiles dont on fait usage en Egypte.

35. Vue de la grande mosquée Atter-ennabi (Ater ên-naby).

36. Vue de la grande mosquée Atter-ennabi (Ater ên-naby), et du village de Deir-etiin (Déïr êt-tyn).

37. Perspective du bourg Deir-etiin (Déïr êt-tyn) à une demi-lieue au-delà du vieux Caire.

38. Giomez (djomez) ou sycomore, avec ses feuilles et ses fruits.

39. Obélisque de Matareen (Matharyn), anciennement Héliopolis.

40. Machine pour tirer l'eau afin d'arroser les terres.

41. Vue des pyramides proche du Caire, telles qu'elles se présentent à Atter-ennabi (Ater ên-naby), ou la grande mosquée de Deir-etiin (Déïr êt-tyn).

42. Vue des pyramides de Memphis à une lieue de distance.

43. Plan et situation des pyramides, avec leurs environs près de Gize (Djyzeh), anciennement Memphis.

44. Plans, coupes et profils des ponts près des pyramides de Memphis.

45. Tête colossale du sphynx, avec les trois pyramides.

46. Tête colossale du sphynx, vue en face au devant de la seconde pyramide.

47. Profil de la tête colossale du sphynx.

48. Seconde pyramide de Memphis, prise à vue d'oiseau.

49. Coupe de la seconde pyramide de Memphis, avec les canaux et les chambres sépulcrales.

50. Canaux et chambres sépulcrales de la seconde pyramide de Memphis.

51. Canaux et chambres sépulcrales de la seconde pyramide de Memphis.

52. Vue des villages de Menahuad (Menâwâd) et de Manjelmusa (Mênçalmousa), avec les secondes pyramides, appelées pyramides de Dagjour (Dahhchour).

53. Différentes machines hydrauliques dont on se sert en Egypte pour arroser les terres.

54. La casse fistulée.

55. Urne antique que l'auteur a apportée avec lui.

56. Charrue égyptienne, dessinée à Gamase (Ghamazeh), dans l'Egypte supérieure.

57. Fragment remarquable.

58. Fragment d'un bas-relief très singulier.

59. Représentation de la plante appelée en arabe oschar (achâr).

Fin de la table.

www.ingramcontent.com/pod-product-compliance
Lightning Source LLC
LaVergne TN
LVHW021654060726